1판 1쇄 발행	2023년 1월 5일
글쓴이	황근기
그린이	이윤하
편집	박주원, 김민애
디자인	문지현
펴낸이	이경민
펴낸곳	㈜동아엠앤비
출판등록	2014년 3월 28일(제25100-2014-000025호)
주소	(03737) 서울특별시 서대문구 충정로 35-17 인촌빌딩 1층
전화	(편집) 02-392-6901 (마케팅) 02-392-6900
팩스	02-392-6902
전자우편	damnb0401@naver.com
SNS	

ISBN 979-11-6363-638-0 (73500)

※ 책 가격은 뒤표지에 있습니다.
※ 잘못된 책은 구입한 곳에서 바꿔 드립니다.
※ 이 책에 실린 사진은 위키피디아, 셔터스톡, 국립 중앙 박물관에서 제공받았습니다.

도서출판 뭉치는 ㈜동아엠앤비의 어린이 출판 브랜드로, 아이들의 지식을 단단하게 만들어 주고, 아이들의 창의력과 사고력을 키워 주어 우리 자녀들이 융합형 창의 사고뭉치로 성장할 수 있도록 좋은 책을 만들겠습니다.

초등융합
사회과학
토론왕
83

글쓴이 **황근기** 그린이 **이윤하**

생각이 반짝! 발명이 뚝딱!

인류를 바꾼 도구 이야기

도구는 인류 문명을 어떻게 발전시켰을까?

뭉치 MoongChi Books

펴내는 글

인류 문명을 발전시킨 도구에는 무엇이 있을까?
인류에게 도움이 되지 않은 도구도 있었을까?

선생님의 질문에 교실은 일순간 조용해지기 시작합니다. 인내심이 한계에 다다른 선생님께서 콕 집어 누군가의 이름을 부르는 순간 내가 걸리지 않았다는 안도감에 금세 평온을 되찾지요. 많은 사람 앞에서 어떻게 말을 해야 할까 고민 한번 해 보지 않은 사람은 없을 겁니다.

사람들 앞에서 자신의 생각을 조리 있게 전달하는 기술은 국어 수업 시간에만 필요한 것이 아닙니다. 학교 교실뿐만 아니라 상급 학교 면접 자리 또는 성인이 된 후 회의에서도 자신의 의견을 분명히 표현할 수 있어야 합니다. 하지만 어디서부터 시작해야 할지 몰라 입을 떼는 일이 쉽지 않습니다. 혀끝에서 맴돌다 삼켜 버리는 일도 종종 있습니다. 얼떨결에 한마디 말을 하게 되더라도 뭔가 부족한 설명에 왠지 아쉬움이 들 때도 많습니다.

논리적 사고 과정과 순발력까지 필요로 하는 토론장에서 자신만의 목소리를 내려면 풍부한 배경지식은 기본입니다. 게다가 고학년으로 올라가서 배우는 수업과 진학 시험에서의 논술은 교과서 속의 내용만을 요구하지 않습니다. 또한 상대의 의견을 받아들이거나 비판하기 위해서도 의견의 타당성과 높은 수준의 가치 판단을 해야 하는 경우가 많은데, 자신의 입장을 분명히 하기 위해선 풍부한 자료와 논거가 필요합니다.

토론왕 시리즈는 사회에서 일어나는 다양한 사건과 시사 상식 그리고 해마다 반복되는 화젯거리 등을 초등학교 수준에서 학습하고 자신의 말로 표현할 수 있도록 기획되었습니다. 체계적이고 널리 인정받은 여러 콘텐츠들을 수집해 정리하였고, 전문 작가들이 학생들의 발달 상황에 맞게 스토리를 구성하였습니다. 개별적으로 만들어진 교과서에서는 접할 수 없는 구성으로 주제와 내용을 엮어 어린 독자들이 과학적 사고뿐만 아니라 문제 해결력, 비판적 사고력을 두루 경험할 수 있도록 하였습니다. 폭넓은 정보를 서로 연결 지어 설명함으로써 교과별로 조각나 있는 지식을 엮어 배경지식을 보다 탄탄하게 만들어 줍니다. 뿐만 아니라 국어를 기본으로 과학에서부터 역사, 지리, 사회, 예술에 이르기까지 상식과 사회에 대한 감각을 익히고 세상을 올바르게 바라보는 눈도 갖게 할 것입니다.

　『생각이 반짝! 발명이 뚝딱! 인류를 바꾼 도구 이야기』는 인류 최초의 도구가 어떻게 발견, 발명되었는지를 알려 주는 것에 그치지 않고, 인류 문명의 역사와 맞물린 다양한 도구의 종류에 대해서 살펴봅니다. 도구가 인류에게 어떤 도움을 주었는지를 하나하나 되짚어 보고, 인류가 도구를 계속 발전시켜 나가는 과정, 기존의 것을 뛰어넘는 새로운 도구를 창조해 나가는 과정을 따라갑니다. 이때 발전에 밀려 퇴화되는 도구의 쓰임새까지 더불어 생각해 본다면, 앞으로 인류 앞에 나타날 새로운 도구에 대해서도 상상해 볼 수 있는 소중한 시간이 될 것입니다.

편집부

펴내는 글 · 4
지구의 도구를 연구하라! · 8

1장 앗, 이건 무슨 도구지? · 11

지구 현장 요원을 만나다

원시인 마을을 뒤집어 놓은 쿠쿠 박사

 개발이냐? 보존이냐? 그것이 문제로다!

2장 바퀴가 바꾼 인류 문명 · 35

데굴데굴 구르는 바퀴의 탄생

안 쓰이는 데가 없는 바퀴

 속도 전쟁은 좋은 걸까, 나쁜 걸까?

뭉치 토론 만화

이동 수단의 획기적인 발전 · 59

3장 먼 거리를 더 가까이! · 65

망원경과 우주의 비밀

현미경이 발견한 세계

 사람들의 생각을 바꾸는 도구는 또 나타날까?

4장 만능 도구의 등장 · 89

사람들이 하루 종일 들여다보고 있는 도구

지구인들에게 가장 중요한 도구

토론왕 되기!! 인터넷의 장점과 단점

5장 도구의 끝판왕 · 111

최초의 로봇은 악마가 만들었다고?

우리 생활 곳곳에서 만나 볼 수 있는 로봇

토론왕 되기!! 로봇과 함께 사는 세상은 좋은 세상일까? 나쁜 세상일까?

어려운 용어를 파헤치자! · 139

알아두면 좋은 도구 관련 사이트 · 140

신나는 토론을 위한 맞춤 가이드 · 141

지구 현장 요원을 만나다

쿠쿠 박사는 안드로메다 비밀 요원인 현진이에게 연락을 취하기로 했어요. 현진이는 현재 초등학교 4학년으로 위장(본래의 정체나 모습이 드러나지 않도록 거짓으로 꾸밈. 또는 그런 수단이나 방법)한 채 대한민국에서 살고 있었어요.

"아아, 현진아! 응답하라!"

무전기에서 쿠쿠 박사의 목소리가 들리자 현진이는 주위를 살핀 뒤, 대답했어요.

"안드로메다 비밀 요원 현진이입니다. 누구십니까?"

"현진아, 나 쿠쿠 박사야."

"박사님, 지금 어디 계세요? 제가 찾아가겠습니다."

얼마 뒤, 우주선 밖에서 현진이의 목소리가 들리자 쿠쿠 박사는 얼른 문을 열어 주었어요.

"현진아, 오랜만이다. 반갑다."

쿠쿠 박사와 현진이는 서로의 코를 맞대고 고개를 도리도리 흔들었어요. 안드로메다인들은 모두 이렇게 인사를 해요. 현진이는 인사를 끝내자마자 쿠쿠 박사에게 물었어요.

"박사님, 무슨 일로 오신 거예요?"

"다음 주에 '지구 도구 박물관'을 개장하는데, 안내 글이 부실하다고 사령관님이 노발대발하셨어. 그래서 현장 조사를 하러 온 거야."

"지구 도구 박물관에는 어떤 도구가 전시되어 있는데요?"

"인류 문명을 바꾼 도구들이 전시되어 있어. 현진아, 너 인류 문명을 바꾼 도구에 대해서 좀 아니?"

"잘 알죠. 지구 학교에서 배웠거든요. 그런데 박사님! 인류 문명을 바꾼 도구는 한두 가지가 아닌데, 어떤 것부터 조사하실 거예요?"

"그건 걱정 마. 내가 사진을 찍어 왔으니까 순서대로 조사하면 돼."

현진이는 쿠쿠 박사가 내민 사진을 보더니 곤란한 표정을 지었어요.

"박사님, 이건 석기 시대에 살던 사람들이 쓰던 아주 오래된 도구잖아요."

"왜 무슨 문제라도 있니?"

"요즘 세상에 이런 도구를 어디 가서 찾아요?"

"아, 그렇구나……. 그럼 어쩌지?"

바로 그때 현진이가 손가락을 탁 튕기며 말했어요.

"박사님! 이 우주선에 타임머신 기능 있죠?"

"당연하지. 요즘 타임머신 기능이 없는 우주선이 어디 있니?"

"그럼 타임머신 기능을 이용하면 되잖아요."

"아하, 그렇구나."

쿠쿠 박사와 현진이는 타임머신 기능을 이용해서 석기 시대로 날아갔어요.

"박사님, 제일 먼저 조사해야 하는 도구가 뭐였죠?"

쿠쿠 박사가 다시 사진을 보여 주며 말했어요.

"뗀석기라고 하는 도구야. 이 도구를 사용하는 사람들을 만나 인터뷰를 해 봤으면 좋겠는데……."

우주선에서 내린 둘은 사방을 살펴봤어요. 하지만 아무리 둘러봐도 뗀석기를 쓰는 사람을 찾을 수 없었어요. 뗀석기는커녕 아예 도구를 쓰는 사람조차 없는 것 같았어요.

바로 그때였어요! 현진이의 머릿속에 학교에서 배운 내용이 파파팍 하고 떠올랐어요.

"아차, 그렇지! 인간들이 처음부터 도구를 사용한 건 아니래요. 아주 먼 옛날 인류는 동물들처럼 네 발로 걸어 다녔대요. 그러다 점차 두 발로 걷게 되면서 손을 마음대로 쓸 수 있게 되었고, 손이 자유로워지자 차츰 나뭇가지와 돌로 도구를 만들어 쓰기 시작한 거래요. 그러니까 지금은 아직 도구를 사용하기 전 시대인 것 같아요."

"아, 그럼 타임머신 시간을 여기에서 좀 더 미래로 돌려야겠구나."

쿠쿠 박사와 현진이는 타임머신을 타고 다시 70만 년 전쯤의 한반도로 날아갔어요. 과연 그 시기에는 뗀석기를 사용하고 있는 사람이 있었을까요?

"앗, 박사님! 저기 있어요."

"어디?"

"저기요, 수염이 덥수룩한 털보 원시인 아저씨가 뗀석기를 손에 들고 있잖아요."

쿠쿠 박사는 얼른 사진과 비교해 봤어요. 털보 원시인이 들고 있는 뗀석기는 사진 속 뗀석기와 그 모양이 똑같았어요.

둘은 재빨리 털보 원시인에게 다가갔어요. 현진이가 먼저 말을 걸었어요. 언어 교환기를 통해서 석기 시대 말이 나왔기 때문에 대화에는 문제가 없었답니다.

"안녕하세요, 아저씨! 말씀 좀 여쭤 볼게요. 지금 손에 들고 있는 뗀석기는 어떻게 만드는 거예요?"

털보 원시인은 빙긋 웃으며 현진이를 바라봤어요.

"하하하! 너도 이렇게 멋진 도구를 하나 가지고 싶은가 보구나. 내 특별히 하나 만들어 주마."

털보 원시인은 큰 돌을 번쩍 들더니, 작은 돌을 향해 내리쳤어요. 그러자 쩍 소리가 나면서 끝이 날카로운 돌 조각이 툭 떨어져 나왔어요.

"자, 받으렴!"

현진이는 뗀석기를 손에 든 채 고개를 갸웃거렸어요.

"저, 털보 아저씨. 이건 그냥 깨진 돌 아닌가요?"

"어허, 깨진 돌이라니! 그냥 깨진 돌하고 뗀석기는 엄연히 다르지."

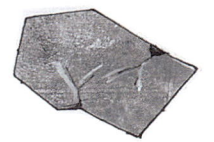

"뭐가 다른데요?"

"이 뗀석기는 사냥을 하거나 일상생활에 사용하려고 돌을 일부로 깨뜨려서 만든 도구야. 그냥 길가에 굴러다니는 돌하고는 다르단다."

맞아요! 털보 원시인의 말처럼 뗀석기는 그냥 돌이 아니었어요. 인류가 사냥을 하거나 생활에 사용하려고 만든 최초의 도구였답니다.

쿠쿠 박사가 수첩에 메모를 하며 현진이에게 말했어요.

"현진아, 뗀석기에 대해 좀 더 자세하게 물어보렴. 안내 글을 쓰려면 더 많은 정보가 필요하거든."

현진이는 선물받은 뗀석기를 가방에 넣고 털보 원시인에게 물었어요.

"아저씨, 뗀석기는 모두 다 이렇게 생겼나요?"

"아니! 사냥을 할 때 쓰는 뗀석기, 사냥한 고기를 자를 때 쓰는 뗀석기, 나무를 다듬을 때 쓰는 뗀석기 등 종류가 엄청 많아."

뗀석기의 종류가 많다는 말에 쿠쿠 박사는 귀가 솔깃해졌어요.

"털보 원시인 양반, 그럼 그런 뗀석기를 직접 볼 수 있을까요?"

"그야 뭐 어렵지 않죠. 우리 마을에 가면 다 볼 수 있으니까요. 요즘은 집집마다 다양한 뗀석기를 사용하고 있거든요. 관심 있으면 저를 따라오세요."

원시인 마을을 뒤집어 놓은 쿠쿠 박사

마침 털보 원시인이 살고 있는 동굴 앞에 돌 하나가 놓여 있었어요.

"이거 한번 만져 볼 수 있을까요?"

"그럼요. 그게 바로 주먹 도끼라는 겁니다. 최근에 만든 도구인데 아주 엄청난 성능을 가지고 있어요."

주먹 도끼
출처: 국립 중앙 박물관

그러나 쿠쿠 박사의 눈에는 아무 쓸모없는 돌처럼 보였어요.

'이게 도구라고? 무슨 도구가 이래? 아무리 봐도 이건 그냥 돌멩이인데……'

쿠쿠 박사는 연신(잇따라 자꾸) 머리를 갸웃거리며 주먹 도끼를 바라봤어요. 털보 원시인은 쿠쿠 박사가 주먹 도끼의 뛰어난 기능에 감탄하고 있다고 오해했어요.

"하하하, 주먹 도끼를 처음 보시는구나. 그럼 놀라시는 게 당연합니다."

쿠쿠 박사는 털보 원시인의 말에 맞장구를 쳐 주는 게 예의라고 생각했어요.

"어, 엄청 놀라운 도구네요."

털보 원시인은 더 신이 나서 떠들었어요.

"맞아요, 한눈에 딱 봐도 엄청난 도구라는 걸 누구나 알 수 있죠. 말이 나온 김에 주먹 도끼가 어디에 쓰이는지 알려 드릴까요? 우리는 주먹 도끼로 짐승을 사냥하기도 하고, 사냥한 짐승의 털과 가죽을 분리하기도 해요. 그뿐만 아니라 고기를 자르거나 땅을 팔 때도 주먹 도끼를 쓰고 있답니다. 이 주먹 도끼 덕분에 생활이 훨씬 편리해졌어요."

'지구 도구 박물관'의 안내 글을 써야 하는 쿠쿠 박사는 털보 원시인의 말을 하나라도 놓치지 않으려고 열심히 받아 적었어요.

"아, 그러니까 이 주먹 도끼 하나로 뭐든 다 해결하는 거군요."

"아니오. 주먹 도끼를 많이 쓰긴 하지만, 요즘은 다른 도구도 많이 사용하고 있어요. 보여 드릴까요?"

털보 원시인은 쿠쿠 박사와 현진이를 동굴 안으로 안내했어요. 마침 동굴 안에서는 털보 원시인의 아내가 동물 가죽옷을 만들고 있었어요.

"여보, 당신이 이분들한테 가죽옷을 만들 때 쓰는 뗀석기에 대해 설명 좀 해 주구려."

"호호, 두 분 그렇게 서 있지 마시고 가까이 와서 보세요."

원시인의 아내는 옆에 있던 돌 하나를 집어 들고 말했어요.

"동물 가죽으로 옷을 만들려면 제일 먼저 크기에 맞게 잘라야 하는데요. 이때 쓰이는 뗀석기가 바로 이 '자르개'예요."

자르개
출처: 국립 중앙 박물관

    자르개는 무언가를 자르기 좋게 생긴 도구였어요.
    "자, 옷을 크기에 맞게 잘랐으니 끈으로 묶을 수 있는 구멍을 뚫어야겠죠? 이럴 때 쓰는 뗀석기가 바로 이 '뚜르개'예요."
    쿠쿠 박사는 뚜르개 같은 엉성한 도구로 가죽에 구멍을 뚫는다는 게 믿기지 않았어요.
    "이런 도구로 정말 가죽에 구멍을 낼 수 있나요?"
    "그럼요. 직접 해 보실래요?"
    쿠쿠 박사가 팔을 걷고 나서자 현진이가 말렸어요.
    "박사님, 그러다 가죽을 망가뜨리면 어쩌려고 그러세요?"
    "현진아, 난 안드로메다 최고의 고고학자야. 내가 설마 그런 실수를 저지르겠니?"

쿠쿠 박사는 호기롭게(꺼드럭거리며 뽐내는 면이 있다) 뚜르개를 받아 들었어요.

"자, 그럼 시작합니다."

쿠쿠 박사가 뚜르개를 빙글빙글 돌렸어요. 앗, 그런데 이걸 어쩌죠? 너무 힘을 주는 바람에 주먹 하나가 들어갈 정도로 큰 구멍이 뚫린 거예요.

원시인의 아내는 못 쓰게 된 가죽을 손에 들고 슬픈 표정을 지었어요.

"이걸 어쩌지. 어렵게 구한 가죽인데……."

쿠쿠 박사는 미안해서 어쩔 줄 몰라 하며 거듭 사과했어요.

"아이코, 정말 죄송합니다. 제가 처음이라 그만 실수로……. 그럼 안녕히 계세요."

둘은 도망치듯 동굴 밖으로 나왔어요.

그런데 동굴 밖으로 나와 우주선이 있는

산속으로 걸어가던 쿠쿠 박사가 갑자기 카메라를 꺼냈어요.

"현진아, 잠깐만! 인류가 최초로 사용한 도구 뗀석기가 사방에 널려 있구나. 사진을 찍어 가는 게 좋겠다."

그 모습을 본 현진이는 고개를 절레절레 흔들었어요.

"박사님, 지금 뭐 하시는 거예요? 그건 그냥 길가에 굴러다니는 흔한 돌멩이잖아요."

그러자 쿠쿠 박사는 손에 들고 있던 돌을 휙 던져 버리며 시치미를 뚝 뗐어요.

"하하하! 안드로메다 최고의 고고학자가 그런 것도 모르겠니? 평범한 돌멩이와 뗀석기가 어떻게 다른지 연구하기 위해 사진을 찍고 있는 거야. 절대 오해하지 마라."

"네네, 그러시겠죠. 이젠 신석기 시대로 넘어가시죠."

쿠쿠 박사와 현진이는 타임머신을 이용해 현대로부터 약 1만 년 전에 시작된 신석기 시대로 날아갔어요. 우주선을 착륙시킨 뒤, 쿠쿠 박사가 현진이에게 한 장의 사진을 보여 줬어요.

"현진아, 너 간석기에 대해서 좀 아는 게 있니?"

"네. 최근에 학교에서 배워서 잘 알아요. 모르는 게 있으면 언제든 물어보세요."

그 말에 쿠쿠 박사는 자존심이 상해 얼굴이 빨개졌어요.

쿠쿠 박사님의 꼼꼼 수첩

뗀석기는 다른 돌이나 동물 뼈 등을 이용해 돌을 알맞게 떼어 내 만들었다. 원하는 대로 떨어져 나간 돌은 그대로 사용하기도 했고, 떨어져 나간 조각을 다시 손질해서 사용하기도 했다.

용인에서 출토된 찍개
나무를 다듬거나 사냥할 때 주로 사용한 뗀석기. 찍개로 동물의 살을 토막 내기도 했다.

출처: 국립 중앙 박물관

고양에서 출토된 찌르개
주먹 도끼보다 작고 끝부분이 뾰족한 것이 특징이다. 찌르개는 주로 동물 가죽에 구멍을 뚫거나 동물을 사냥할 때 창처럼 찌르는 도구로 사용했다.

출처: 국립 중앙 박물관

파주에서 출토된 긁개
사냥한 짐승의 가죽을 벗겨 손질하는 데 주로 사용했다.

출처: 국립 중앙 박물관

"어허! 내가 몰라서 물어보는 게 아니라니까. 내가 안드로메다 최고의 고고학자인데 그 정도도 모르겠니? 혹시나 해서 다시 한번 확인하고 있는 거야. 알겠지?"

현진이는 건성으로 고개를 끄덕이더니, 사진 속 간석기를 보며 말했어요.

"박사님, 이건 신석기인들이 쓰던 간석기라는 도구인데요. 돌을 잘 갈아서 만들었기 때문에 뗀석기보다 매끈하고 날카로운 형태를 가지고 있는 게 특징이에요."

쿠쿠 박사는 목소리를 쫙 깔고 마치 이미 다 알고 있었다는 듯 말했어요.

"흠……. 목적에 맞게 갈아서 썼다는 점에서 돌을 깨뜨려 만든 뗀석기보다 훨씬 발전된 형태의 도구라고 볼 수 있겠구나. 모서리가 예리해서 사냥할 때 훨씬 성공률이 높아졌겠어."

잠시 후, 쿠쿠 박사와 현진이는 간석기를 쓰는 사람들을 만나기 위해 신석기인들이 사는 마을을 찾아갔어요. 신석기인들은 마을을 이루어 농사를 지으며 살고 있었는데, 그들은 농사를 짓는 데 필요한 여러 가지 도구들을 만들어 사용하고 있었어요. 쿠쿠 박사는 이리저리 돌아다니며 신석기 시대에 사람들이 쓰는 도구를 조사했어요.

그러다 쿠쿠 박사는 사진에 없는 도구를 발견했어요. 그 도구는 안드로메다 지구 도구 박물관에도 전시되어 있지 않은 도구였어요.

"이건 무슨 도구입니까?"

쿠쿠 박사는 급한 마음에 인사도 하지 않고 다짜고짜 물었어요. 그러자 한 신석기인이 경계하는 눈빛으로 쿠쿠 박사를 바라보며 말했어요.

"곡식을 담거나 요리를 할 때 쓰는 도구예요."

신석기 시대 사람들은 강이나 바다 근처에서 주로 살았어요. 그래서 모래 바닥에 꽂아 고정시켜 놓고 사용하기 위해 빗살무늬 토기의 바닥을 뾰족하

빗살무늬 토기
출처: 국립 중앙 박물관

게 만들었답니다.

쿠쿠 박사는 빗살무늬 토기를 안드로메다 지구 도구 박물관에 전시해 놓고 싶었어요. 그래서 신석기인에게 물었어요.

"그 빗살무늬 토기하고 이 슈퍼 비타민하고 바꾸지 않을래요? 이 슈퍼 비타민은 한 알만 먹어도 10일 동안 배가 부르답니다."

신석기인은 아무런 경계 없이 슈퍼 비타민을 입에 넣었어요. 쿠쿠 박사가 신석기인의 눈치를 살피며 물었어요.

"어때요? 힘이 막 불끈 솟아나는 게 느껴지죠? 자, 그럼 빗살무늬 토기와 교환을……."

쿠쿠 박사가 빗살무늬 토기를 들고 살그머니 일어서려고 할 때였어요. 신석기인이 오만상(얼굴을 잔뜩 찌푸린 모양)을 찌푸리면서 슈퍼 비타민을 뱉어 냈어요.

"퉤퉤퉤, 뭐 이런 이상한 거하고 빗살무늬 토기를 바꾸자고? 이런 사기꾼들! 당장 빗살무늬 토기 내려놔!"

신석기인이 화를 내며 달려들자 쿠쿠 박사는 얼른 빗살무늬 토기를 내려놓고, 걸음아 날 살려라 도망을 쳤어요.

신석기 시대 사람들의 생활 도구

농사를 지을 때 사용한 신석기 시대의 도구

돌괭이
밭을 갈거나 땅을 팔 때 쓰인 도구.

출처: 국립 중앙 박물관

돌낫
가을에 익은 곡식을 벨 때 요긴하게 쓰인 도구.

출처: 국립 중앙 박물관

갈돌과 갈판
넓적한 갈판 위에 곡식을 올려놓고 갈돌을 이용해 곡식의 껍질을 벗기거나 가루를 내는 도구.

출처: 국립 중앙 박물관

물고기를 잡을 때 사용한 신석기 시대의 도구

그물추
동글동글한 그물추를 그물에 매달아 놓으면 중심을 잡아 주기 때문에 거센 물살에서도 흔들리지 않았다고 해요.

출처: 국립 중앙 박물관

낚싯바늘과 뼈작살
낚싯바늘과 뼈작살은 주로 동물의 뼈로 만들었는데, 특히 뼈작살은 짐승의 뿔을 끝이 뾰족하고 미늘이 돋게 만들어 물고기를 잡는데 쓰였어요. 주로 사슴의 뿔로 만들었지요.

출처: 국립 중앙 박물관

청동기 시대 사람들의 생활 도구

민무늬 토기
민무늬 토기는 모두 납작바닥이며 그릇에 목이 달려 있는 토기가 많은 점이 특징이에요. 겉면에는 아무런 무늬가 없어서 민무늬 토기라는 이름이 붙었어요.

출처: 국립 중앙 박물관

반달 돌칼
곡물의 이삭을 따는 데 쓰인 청동기 시대의 농기구예요. 중앙부에 한두 개의 구멍이 뚫려 있는데, 이 구멍 사이에 끈을 꿰어 끈 사이로 손가락을 집어넣어 사용하였답니다.

출처: 국립 중앙 박물관

팔주령
대체로 한반도 남부 지방을 중심으로 발견되는 청동기 시대 후기의 것이에요. 신에게 제사를 지낼 때 쓰던 도구예요.

출처: 국립 중앙 박물관

비파형 동검
한반도 내에서는 현재까지 약 40여 자루가 알려져 있어요. 함경도 지방을 제외하고 거의 전역에서 발견되고 있으며 주로 서부 지방에 많이 분포되어 있답니다.

출처: 국립 중앙 박물관

세형동검
고조선 후기와 삼한 시대의 동검이에요. 평양 지방을 중심으로 한반도 전역에 나타나고 있기 때문에 한국형 동검이라고도 불려요.

출처: 국립 중앙 박물관

개발이냐? 보존이냐? 그것이 문제로다!

 요즘 한국에서 꽤 인기 있는 놀이공원이 어디인지 아세요?

 현진아, 이 나이가 되면 놀이공원 따위에는 관심이 없단다. 그런데 그런 질문을 하는 이유는?

 우리가 지금 알아보고 있는 '지구 도구 박물관'과 관련 있어서 드리는 질문이란 말이에요. 어서 답해 보세요.

 글쎄, 난 이번에 지구에 처음 온 거라 잘 모르겠는데?

 바로 '블록' 장난감으로 만든 테마파크예요. 아시아에서 가장 큰 규모라고 해요.

 그래서 지금 거길 놀러 가자는 거냐?

 그게 아니라, 바로 이 테마파크가 들어선 곳이 원래 석기 시대 사람들이 살던 곳이라는 걸 말씀드리고 싶었어요.

 뭐라고? 그걸 어떻게 알았지?

이곳을 테마파크로 개발하기 이전에 반달돌칼, 돌도끼 등 수많은 유물이 발굴되었대요. 9,000점이 넘는다고 해요. 석기 시대 무덤도 수백 개 발견되었고요.

그게 정말이라면, 석기 시대 테마파크가 들어섰어야지! 그런데 블록 장난감 놀이공원이 만들어졌다는 거야?

학자들이 많이 반대를 했는데도, 결국 놀이공원은 만들어졌어요. 그 당시에, 출토된 유물을 전시할 박물관과 유적 공원을 만들겠다는 약속을 했거든요.

그럼 문제없잖아. 놀이공원을 만들었으니, 이제 박물관을 만들면 되겠군.

하지만 이왕이면 유적이 발굴된 그곳에 박물관이 만들어지는 게 역사적으로 더 의미가 있지 않을까요? 앞으로도 계속 출토될지 모르는데 말이에요.

유물을 잘 보존했다가 박물관을 제대로 만들어서 시민들이 많이 다니는 곳에 전시해도 괜찮을 것 같은데?

안타깝게도 최근에 이 사업을 맡은 개발 공사(공공 기업체)가 기업 회생 신청(법원의 관리 아래 진행되는 기업의 구조 개혁 작업)을 하면서 사실상 박물관을 짓는 일은 어렵게 됐어요.

생활의 편의를 위해 개발을 우선으로 해야 할까요? 아니면 우리 선조들이 남긴 유물, 유적을 먼저 지켜야 할까요? 앞으로 이런 문제가 생겼을 때 어떻게 하는 게 옳은 것인지 여러분의 생각을 말해 보세요.

빈칸에 알맞은 말 넣기

다음 도구는 어느 시대 때 쓰던 것일까요?

❶ 곡식을 담거나 요리를 할 때 쓰는 도구

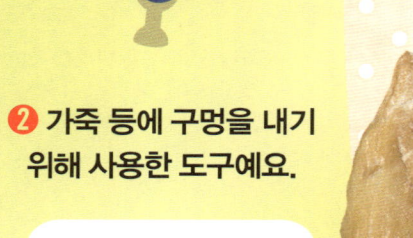

❷ 가죽 등에 구멍을 내기 위해 사용한 도구예요.

❸ 동물의 뼈를 갈아서 뾰족하게 한 다음 물고기를 잡는 데 사용했어요.

❹ 청동으로 만든 무기로 돌로 만든 무기보다 훨씬 날카로웠어요.

정답: ❶ 신석기 ❷ 구석기 ❸ 신석기 ❹ 청동기

데굴데굴 구르는 바퀴의 탄생

우주선으로 몸을 피한 현진이와 쿠쿠 박사는 안도의 한숨을 내쉬었어요.

"후유! 십년감수했네."

"박사님, 왜 쓸데없는 짓을 하세요. 자칫 잘못했으면 큰일 날 뻔했잖아요."

현진이가 잔소리를 퍼붓자 쿠쿠 박사는 헛기침을 하며 딴청을 부렸어요.

"흠흠. 다음은 뭘 조사해야 하더라……. 그렇지! 이 도구를 조사해야 하는구나."

쿠쿠 박사가 사진 한 장을 꺼내 들자 현진이가 말했어요.

"바퀴네요."

"현진아, 너 바퀴에 대해 뭐 좀 아는 게 있니?"

현진이는 기다렸다는 듯이 잘난 체를 했어요.

"그럼요. 당연히 잘 알죠. 이것도 얼마 전에 학교에서 배웠거든요. 전 한 번 들으면 뭐든 절대 안 까먹는 아주 특별한 머리를……."

"그래, 그래! 알았으니까. 잘난 체 좀 제발 그만하고 학교에서 뭘 배웠는지나 얼른 얘기해 봐라."

"학교 선생님이 그러는데요. 바퀴는 누가 어디서 언제 만들었는지 알려져 있지 않대요. 그러니까 바퀴를 발명한 사람을 찾아내는 건 불가능하다는 얘기죠."

"그래도 언제 만들어졌는지 정도는 알려져 있을 것 아니냐?"

"네, 지금까지 가장 오래된 바퀴는 약 4000년 정도 된 건데, 고대 문명의 발상지인 메소포타미아에서 처음 그 모습을 드러냈다고 해요."

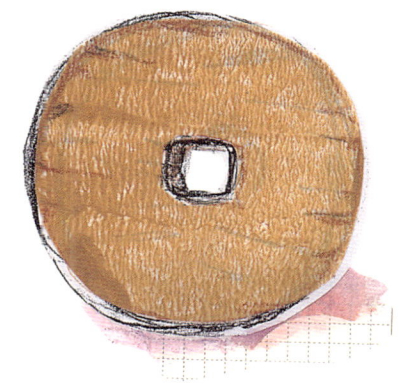

"그래? 그럼 일단 4000년 전으로 날아가 보자."

쿠쿠 박사와 현진이는 타임머신을 타고 4000년 전으로 날아갔어요.

쿠쿠 박사와 현진이는 우주선에서 내리자마자, 무거운 짐을 옮기는 사람들을 만났어요. 짐을 등에 짊어진 사람도 있었고, 운반용 나무 썰매에 짐을 싣고 가는 사람들도 있었어요.

"분명 4000년 전쯤에 메소포타미아 지역에 살던 사람들이 바퀴를 만들어 사용하기 시작했다고 배웠는데, 왜 저 사람들은 아직 저렇게 짐을 옮기고 있지? 아직 바퀴에 대해 모르나 보네."

쿠쿠 박사가 사람들에게 다가가 말을 건넸어요.

"왜 이렇게 다들 힘들게 짐을 옮기고 계십니까?"

"아니, 그럼 무슨 다른 방법이 있어요?"

현진이가 답답하다는 듯 고개를 절레절레 흔들며 잘난 체를 했어요.

"아유, 답답해! 그렇게 큰 짐을 옮길 때는 나무 썰매 밑에 통나무를 놓고 굴리면 쉽게 옮길 수 있잖아요."

사람들이 일제히 걸음을 멈추고 현진이를 쳐다봤어요.

"꼬마야, 너 지금 뭐라고 했니?"

"우선 통나무를 바닥에 나란히 깔고, 그 위에 짐을 올려놓으세요. 그리고 통나무를 굴리면 짐을 쉽게 옮길 수 있잖아요."

"꼬마야! 너 엄청 똑똑하구나."

"너 그렇게 하면 무거운 짐을 옮기기가 훨씬 쉬워진다는 걸 어떻게 알았니?"

칭찬을 듣자 현진이는 아주 신이 났어요.

"하하, 뭘 그 정도 가지고. 이왕 말 나온 김에 그보다 더 쉽게 짐을 운반하는 방법도 알려 드릴까요?"

현진이가 바퀴를 만드는 법을 설명하려고 하는 순간! 쿠쿠 박사가 두 손으로 현진이의 입을 틀어막았어요.

쿠쿠 박사님의 꼼꼼 수첩

통나무를 잘라 만든 간단한 원판 형태의 바퀴

지구인들은 기원전 4000년경부터 원판 형태의 바퀴를 사용했다. 원판은 통나무를 잘라 둥근 형태로 만들었다. 하지만 원판 형태의 바퀴는 무겁고 쉽게 부서지는 것이 단점이었다. 이후 기원전 3500년경 세 조각의 두꺼운 판자를 맞추어 만든 나무 바퀴가 등장했다. 메소포타미아에서는 이런 형태의 바퀴 가운데에 각각 구멍을 뚫은 후, 나무 쐐기를 박아 최초의 이륜 수레를 완성했다고 한다.

축과 바큇살이 달린 바퀴

기원전 2000년경에는 바큇살 바퀴가 등장했다. 바큇살 바퀴는 나무 바퀴의 속을 파내서 무게를 줄이고, 축과 바큇살을 만든 바퀴이다. 이 바퀴는 튼튼하고, 가볍고, 충격 흡수력도 좋았다. 이집트 왕국에서는 바퀴살 바퀴를 전차를 제작하는 데 이용했다고 한다.

"으으으……. (왜 그러세요?)"

"우주법 제1조 1항 위반이잖아. '안드로메다인은 다른 행성 사람들의 일에 간섭하면 안 된다.' 몰라?"

쿠쿠 박사와 현진이는 바퀴의 비밀을 알기 위해 몰려드는 사람들을 피해 후다닥 우주선으로 도망쳤어요.

안 쓰이는 데가 없는 바퀴

"현진아! 제발 그 잘난 척하는 습관 좀 고쳐. 우주법 제1조 1항을 어기려고 하다니."

쿠쿠 박사가 호통을 치자, 현진이는 고개를 푹 숙였어요.

"죄송해요. 앞으로는 절대 사람들의 일에 간섭하지 않을게요."

화가 풀린 쿠쿠 박사가 한결 부드러운 목소리로 말했어요.

"현진아, 인류가 바퀴를 이용해서 어떤 도구를 만들었는지 조사해야 하는데 어느 시대로 가야 할까?"

"또 잘난 체한다고 뭐라고 하실까 봐 말씀 드리기가…….."

"알았다. 더 이상 뭐라 안 할 테니까, 어느 시대로 가야 하는지나 말해 보렴."

"일단 고대 로마 시대로 가는 게 좋을 것 같아요."

쿠쿠 박사와 현진이는 타임머신을 타고 고대 로마로 날아갔어요. 로마의 길거리에는 수많은 전차와 마차가 다니고 있었어요.

"길을 비켜라!"

전차를 탄 병사가 소리를 지르며 쿠쿠 박사와 현진이의 옆을 스치듯 지나갔어요.

"현진아, 저 전차와 마차는 도대체 어디에 쓰이는 도구니?"

"전차에 바큇살(바퀴통에서 테를 향하여 부챗살 모양으로 뻗친 가느다란 나무오리나 가느다란 쇠막대) 달린 바퀴가 두 개 달려 있는 게 보이시죠? 로마 시대의 저런 전차는 매우 혁신적인 무기였어요. 가벼우면서 엄청 빨라서 주로 전쟁용으로 쓰였다고 해요."

쿠쿠 박사는 현진이의 말을 수첩에 꼼꼼히 받아 적었어요.

현진이는 신이 나서 말을 이어 나갔어요.

"바퀴는 인류가 만든 가장 역사적이고 위대한 도구라고 할 수 있어요. 바퀴의 발명 덕분에 인류 문명은 빠르게 진화할 수 있었거든요."

"현진아, 너 지구인들은 왜 바퀴라는 도구를 그렇게 높게 평가하는지 아니?"

"물론 알죠. 바퀴가 발명된 이후 다른 장소로 이동하거나 짐을 실어 나르기가 한결 쉬워졌거든요. 바퀴 덕분에 멀리까지 많은 물자를 실어

나를 수 있게 되면서 도시와 도시 간의 무역도 발달했고, 그로 인해 인류 문명이 눈부시게 발전했던 거죠."

쿠쿠 박사는 바퀴에 대한 궁금증이 점점 더 커졌어요.

"현진아, 그럼 혹시 바퀴가 다른 곳에도 영향을 줬니?"

쿠쿠 박사의 질문에 현진이는 기다렸다는 듯이 대답했어요.

"당연하죠. 바퀴는 농업에도 아주 큰 영향을 끼쳤어요. 박사님, 물레방아라고 아세요?"

물레방아? 쿠쿠 박사는 처음 들어 보는 말이었어요. 하지만 박사 체면에 계속 모른다고 할 순 없었어요.

"무, 물레방아 알지, 안드로메다 최고의 고고학자인 내가 그런 것도 모르겠니."

"그럼 물레방아 얘기는 안 해도 되겠네요?"

그러자 쿠쿠 박사는 당황한 표정을 지으며 손을 휘저었어요.

"아, 아니! 그래도 한 번 더 확인해 보는 게 좋지. 물레방아에 대해 아는 대로 말해 보렴."

둘은 강가에 세워져 있는 물레방아를 보며 대화를 이어 갔어요.

"저기 보이는 게 물레방아인데요. 물레방아는 사람이나 동물의 힘을 빌리지 않고 스스로 움직이는 최초의 도구였어요. 물로 인해 빙글빙글 돌아가는 바퀴의 에너지로 물레방앗간 안에 있는 다른 기계를 동시에 움직일 수 있거든요."

쿠쿠 박사와 현진이는 물레방앗간 안으로 들어가 봤어요. 물레방아가 돌아가면서 생긴 에너지를 이용해서, 방앗간 안쪽에 설치된 바퀴들이 맷돌을 돌려 곡식을 빻고 있었어요.

현진이가 방앗간 안쪽에 설치되어 있는 바퀴를 보며 말을 이었어요.

"박사님, 이것 좀 보세요. 이런 기계 장치는 톱니바퀴로 만들어진 게 특징이에요."

"톱니바퀴?"

"네, 여길 보세요. 이렇게 바퀴 둘레에 일정한 간격으로 낸 톱니가 서로 맞물려 돌아가는 걸 톱니바퀴라고 하는데, 혹시 모르셨어요?"

"모, 모르긴 누가 몰라."

둘은 다시 물레방앗간 밖으로 나와 강가를 걸으며 대화를 이어 갔어요. 강가에는 다양한 종류의 물레방아가 설치되어 있었어요.

"보시다시피 물레방아는 강이나 저수지의 물을 퍼서 물이 밭으로 흘러가게 해 줄 수도 있었고, 대장간이나 용광로에서 쓰는 풀무(불을 피울 때에 바람을 일으키는 기구)를 움직일 수도 있었어요. 근데 박사님, 다 아신다면서 뭘 그렇게 열심히 적으시는 거예요?"

현진이의 설명을 일일이 받아 적던 쿠쿠 박사는 화들짝 놀라 말을 더듬었어요.

"아, 이거! 별거 아니야. 그냥 갑자기 무슨 생각이 떠올라서……. 뭐 신경 쓰지 말고 할 말 있으면 계속 하렴."

현진이는 고개를 갸웃하며 말을 이어 나갔어요.

"바퀴는 사람들의 몸을 따뜻하게 해 주기도 했어요."

현진이의 말에 쿠쿠 박사는 헛웃음을 지었어요.

"현진아, 말이 되는 소리를 해라. 바퀴가 사람 몸을 어떻게 따뜻하게 해 줘?"

"제 말을 끝까지 좀 들어 보세요. 바퀴는 곧 물레의 발명으로 이어졌어요. 물레는 실을 만드는 도구예요."

쿠쿠 박사는 물레라는 말 역시 처음 들어 봤어요. 하지만 마치 잘 안다는 듯 고개를 끄덕였어요.

"물레가 없을 때 사람들은 일일이 손으로 실을 만들었어요. 하지만 바퀴의 원리를 이용한 물레가 발명되자 손으로 만드는 것보다 훨씬 빨리 옷을 짜는 실을 만들 수 있게 되었어요. 그래서 제가 바퀴가 사람들의 몸을 따뜻하게 해 준다고 한 거예요."

"아, 그렇구나! 그것도 모르고 비웃어서 미안하구나."

"아니에요."

쿠쿠 박사가 현진이에게 물었어요.

"현진아, 바퀴는 인류의 교통수단에도 큰 영향을 끼쳤을 텐데, 이를 조사하려면 어디로 가야 하니?"

"아! 그런 거라면 무조건 19세기 초 영국으로 가야지요."

쿠쿠 박사와 현진이는 타임머신을 타고 19세기 초 영국 런던으로 날아갔어요.

쿠쿠 박사님의 꼼꼼 수첩

톱니바퀴의 비밀을 밝혀라!

톱니바퀴는 바깥쪽에 톱니라는 이가 달려 있는 바퀴이다. 한 톱니바퀴의 톱니는 맞닿아 있는 다른 톱니바퀴의 톱니와 꽉 맞물려 있다.

톱니바퀴의 원리

큰 톱니바퀴를 돌리면 작은 톱니바퀴는 반대 방향으로 같이 돌아간다. 예를 들면 큰 톱니바퀴가 시계 방향으로 돌아가면 작은 톱니바퀴는 반시계 방향으로 돌아가는데, 작은 톱니바퀴는 큰 것보다 훨씬 빠르게 돌아간다.

생활 속에 숨어 있는 톱니바퀴

자전거 체인
자전거 체인에 붙어 있는 톱니바퀴는 사람들이 페달을 밟아서 만들어 낸 힘이나 속도를 증가시킨다.

시계태엽 장치
시계태엽 장치 안에도 톱니바퀴가 숨어 있다. 에너지를 만들기 위해 태엽을 감으면, 그 에너지가 스프링에 저장된다. 그러면 톱니바퀴가 그 에너지를 서서히 풀리게 하여 시계 침을 움직인다.

쿠쿠 박사는 타임머신 밖으로 나오자마자 인상을 찌푸렸어요.

"켁켁, 왜 이렇게 공기가 안 좋지?"

"18세기 후반 영국에서 산업 혁명이 일어나서 그래요. 산업 혁명 때문에 공장이 많이 생기면서 공기가 안 좋아졌거든요."

쿠쿠 박사가 손수건으로 코를 막으며 물었어요.

"산업 혁명은 왜 일어났는데?"

"왜긴 왜예요. 증기 기관 때문이잖아요. 18세기 후반에 등장한 증기 기관 덕분에 증기 기관차가 발명되었고, 그로 인해 인류의 교통수단이 엄청나게 발전했어요. 그 직후에 산업 혁명이 일어났지요."

현진이가 갑자기 말을 멈추고 물었어요.

"그런데 박사님, 그게 다 무엇 덕분인 줄 아세요?"

"그, 글쎄……."

"바로 바퀴 덕분이에요. 바퀴가 없었다면 애초에 증기 기관을 만들 수 없었을 테니까요."

"그건 또 무슨 소리니?"

"증기 기관의 기계들은 대부분 톱니바퀴에 의해 움직여요. 그러니까 만약 바퀴가 없었더라면 인류 문명은 아마 지금처럼 발전하지 못했을 거예요."

현진이의 설명을 잠자코 듣고 있던 쿠쿠 박사가 얼른 아는 체를 했어요. 계속 듣고만 있으면 현진이가 자신을 무시할지도 모른다는 생각이 들었거든요.

"오, 너도 아주 잘 알고 있구나. 네가 말한 대로 바퀴는 인류 문명이 발전하는 데 엄청난 영향을 끼쳤어. 특히 톱니바퀴가 없었다면 공장에서 쓰는 기계나 자동차도 만들 수 없었을 거야."

쿠쿠 박사는 속으로 현진이가 "네, 맞아요! 역시 박사님이라 모르는 게 없으시네요."라고 말해 주길 바랐어요. 하지만 현진이는 아무 말이 없었어요.

그러다 갑자기 현진이가 엉뚱한 제안을 했어요.

"박사님, 이왕 19세기 런던에 왔으니까 증기 기관차도 한번 타 보실래요?"

쿠쿠 박사는 살짝 걱정이 앞섰어요.

'괜히 탔다가 사고라도 나면 어쩌지…….'

하지만 어린 현진이 앞에서 약한 모습을 보이기 싫었어요.

"조, 좋지! 타자!"

하지만 막상 증기 기관차를 직접 보자 눈앞이 깜깜해졌어요.

"현진아, 이건 석탄으로 불을 피워서 움직이는 교통수단이잖아. 엄청 위험해 보이는데……."

"에이, 걱정 마세요. 19세기 지구인들은 다 이런 걸 타고 다녔대요.

어서 타세요."

쿠쿠 박사와 현진이가 탄 증기 기관차는 19세기 영국에서 만들었는데 당시 증기 기관차는 사람과 물건을 실어 나르는 최고의 운송 수단이었어요. 증기 기관차 덕분에 멀리까지 대량의 물자를 실어 나를 수 있게 되었고, 사람들은 다른 지역까지 빠르게 이동할 수 있었답니다.

쿠쿠 박사는 굳은 표정으로 창밖을 내다보고 있었어요. 그런데 바로 그때 뿌뿌 하고 경적이 울렸어요. 쿠쿠 박사는 벌에 쏘인 사람처럼 자리에서 벌떡 일어나 기차에서 뛰어내리려고 했어요.

"이크, 이게 무슨 소리냐?"

그러자 현진이가 쿠쿠 박사를 말렸어요.

"박사님, 안심하세요. 저건 기차의 경적(주의나 경계를 하도록 소리를 울리는 장치. 또는 그 소리. 주로 탈것에 장치한다) 소리예요. 사람들이 쳐다보니까 제발 좀 가만히 앉아 계세요."

무안해진 쿠쿠 박사는 애써 태연한 척하며 자리에 앉았어요.

2장 바퀴가 바꾼 인류 문명

간단한 원리를 이용해 만든 도구

사람들은 아주 오랜 옛날부터 좀 더 편리하게 생활하기 위해 많은 도구를 만들어 사용해 왔어요. 그런데 옛날에 만든 도구 중에는 아주 간단한 원리를 이용한 것들이 있어요. 이런 도구들은 오늘날까지도 많이 쓰이고 있지요. 과연 어떤 도구일까요? 함께 알아보아요.

빗면의 원리를 이용한 도구

빗면의 원리를 이용한 도구는 오래전부터 많이 사용되고 있어요. 도끼, 칼, 열쇠, 통조림 깡통 따개, 나사못 등이 바로 빗면의 원리를 이용한 도구예요.
도끼나 칼의 날을 보면 끝으로 갈수록 날이 비스듬해지면서 날카로워져요. 도끼는 그 비스듬한 면을 이용해서 나무를 자르지요. 칼도 위쪽은 약간 두껍다가 아래로 갈수록 얇고, 날카롭게 만들어져 있지요. 칼은 이런 빗면을 이용한 도구로 물건을 자를 때 사용돼요.

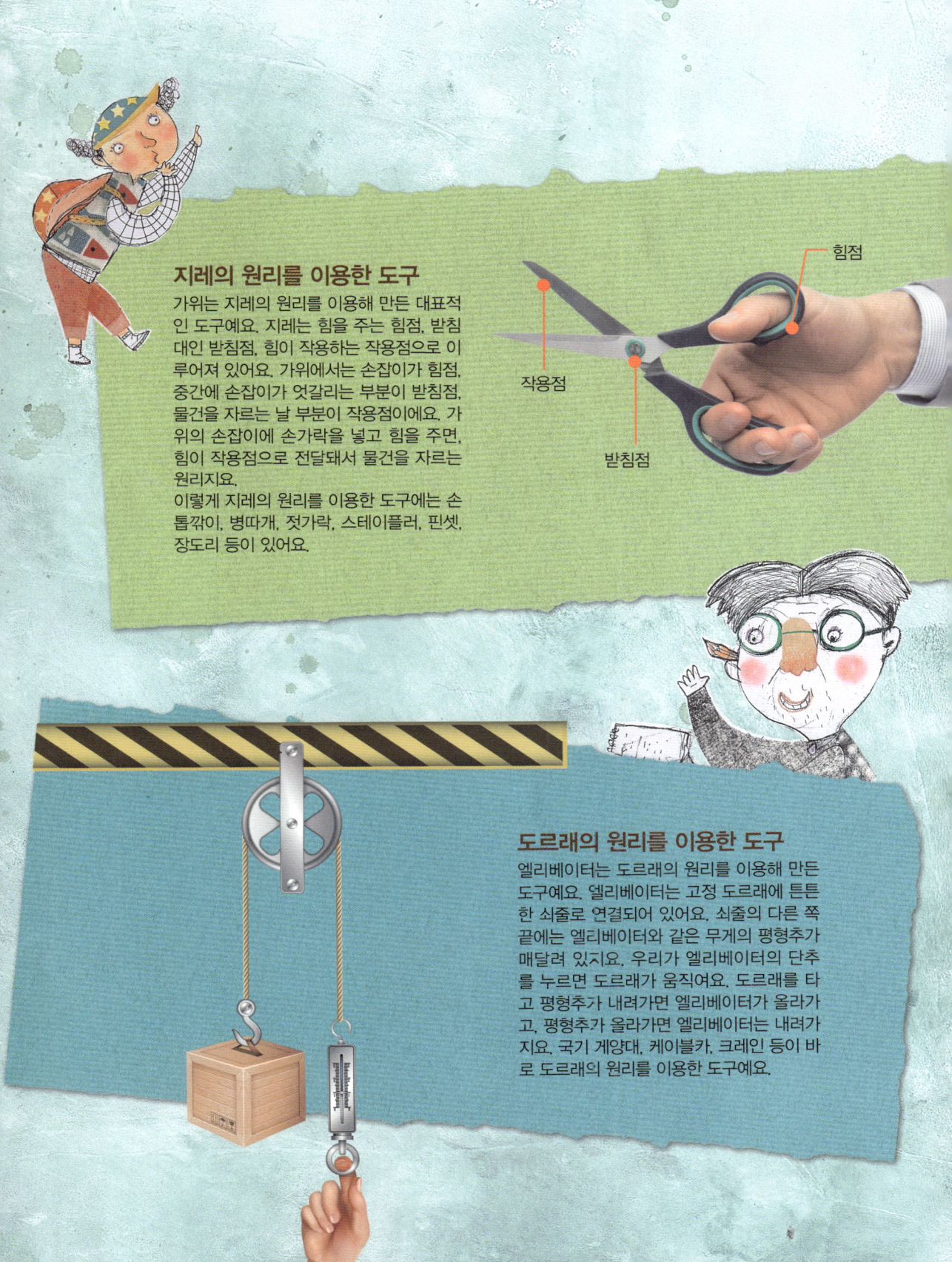

지레의 원리를 이용한 도구

가위는 지레의 원리를 이용해 만든 대표적인 도구예요. 지레는 힘을 주는 힘점, 받침대인 받침점, 힘이 작용하는 작용점으로 이루어져 있어요. 가위에서는 손잡이가 힘점, 중간에 손잡이가 엇갈리는 부분이 받침점, 물건을 자르는 날 부분이 작용점이에요. 가위의 손잡이에 손가락을 넣고 힘을 주면, 힘이 작용점으로 전달돼서 물건을 자르는 원리지요.
이렇게 지레의 원리를 이용한 도구에는 손톱깎이, 병따개, 젓가락, 스테이플러, 핀셋, 장도리 등이 있어요.

도르래의 원리를 이용한 도구

엘리베이터는 도르래의 원리를 이용해 만든 도구예요. 엘리베이터는 고정 도르래에 튼튼한 쇠줄로 연결되어 있어요. 쇠줄의 다른 쪽 끝에는 엘리베이터와 같은 무게의 평형추가 매달려 있지요. 우리가 엘리베이터의 단추를 누르면 도르래가 움직여요. 도르래를 타고 평형추가 내려가면 엘리베이터가 올라가고, 평형추가 올라가면 엘리베이터는 내려가지요. 국기 게양대, 케이블카, 크레인 등이 바로 도르래의 원리를 이용한 도구예요.

속도 전쟁은 좋은 걸까, 나쁜 걸까?

 바퀴의 발명은 정말 대단하구나!

그럼요. 최근 자동차의 최대 속도가 얼마인지 아세요?

 글쎄? 안드로메다 별에서는 자동차를 타고 다니지 않으니 감이 잘 안 오는구나.

2021년 기준으로 시속 532km라고 해요. 전기차는 시속 400km 정도고요.

 그 정도면 서울에서 부산을 정말 1시간 안에 갈 수 있겠구나.

차가 안 막히면 그렇겠지만, 실제로 그렇게 운행되기는 힘들 것 같아요.

 왜 그렇지?

자동차는 열차랑 달리 도로로 달리니까 그만큼 사고 위험이 높거든요. 차와 차가 부딪힐 수도 있고, 갑자기 나타나는 사람을 칠 수도 있고요.

 흠. 듣고 보니 속도가 빠른 게 무조건 좋은 건 아닌 것 같구나.

 그래서 한국이라는 나라에서는 특히 어린이를 보호하기 위해 어린이가 많이 다니는 곳에서의 속도를 시속 30km로 제한하고 있어요.

 그럼 확실히 어린이 교통사고가 줄어들었겠구나.

 그렇지만 속도 제한 구역이 많아져서 교통 흐름이 나빠지고, 운전자들도 피곤해서 속도를 올리자는 의견도 많다고 해요.

 어린이 등하교 시간에 맞춰 속도 제한을 탄력적으로 운영하면 어떨까?

 그것도 한 방법일 수 있겠네요. 전 학교 출입구 위치에 도로가 인접해 있지 않도록 하는 게 좋을 것 같기도 해요.

 운전자들 입장에서는 속도 제한 구역을 피하려는 경향 때문에 일부 도로가 계속 막힐 수도 있겠구나.

여러분은 학교를 다니면서 쌩쌩 달리는 자동차를 보면 어떤 생각이 들었나요? 속도 제한 구역 때문에 불편해하는 부모님이나 어른들의 차에 타 본 적이 있나요? 그때 여러분은 어떤 마음이었나요? 어린이 보호 구역에서의 자동차 속도에 대해 여러분의 생각을 말해 보아요.

같은 원리 찾기

같은 원리를 이용해 만든 도구끼리 짝을 지어 보세요.

1  ★   ★  A

2  ★   ★  B

3  ★   ★  C

정답: ①-C ②-A ③-B

망원경과 우주의 비밀

"박사님, 이번엔 망원경을 조사하는 건가요?"

현진이의 질문에 쿠쿠 박사는 심각한 얼굴로 고개를 끄덕였어요.

"근데 표정이 왜 그러세요? 무슨 일이라도……."

"현진아, 내가 안드로메다 지구 도구 박물관에 전시되어 있는 망원경에 안내 글을 뭐라고 적어 놓았는지 아니?"

"뭐라고 적어 놓으셨는데요?"

"'시력이 나쁜 눈을 잘 보이게 하는 도구'라고 적어 놓았단다."

"네에, 정말이요? 그건 안경에 대한 설명이잖아요. 망원경은 멀리 있는 걸 잘 보이게 도와주는 도구예요. 박사님, 정말 큰 실수를 하신 거예요. 나중에 잘못된 정보라는 게 밝혀지면 어떻게 되겠어요?"

쿠쿠 박사가 아무 말도 하지 못하고 있자 현진이가 말을 이었어요.

"안드로메다 사령관님은 실수를 용납하지 않는 분이잖아요. 그 사실이 밝혀지면 박사님은 분명 해고라고요, 해고!"

쿠쿠 박사는 초조한지 한자리에 가만히 있지 못하고 이리저리 왔다

3장 먼 거리를 더 가까이!

갔다 하며 혼잣말을 중얼거렸어요.

"해고되면 안 되는데……. 이 일을 어쩌지……."

"박사님, 너무 걱정하지 마세요. 이번 기회에 망원경에 대해 철저히 조사해서 안내 글을 다시 적어 놓으면 되잖아요. 아직 지구 도구 박물관을 개장하려면 며칠 더 남았으니까요."

"그래, 그래야겠다! 현진아, 일단 망원경이 어떻게 만들어졌는지부터 조사해 보도록 하자."

"네, 근데 저도 망원경에 대해서는 잘 모르니까 인터넷으로 검색을 좀 해 볼게요."

현진이는 인터넷으로 최초의 망원경에 대해 검색을 해 봤어요.

"박사님, 망원경을 발명한 사람에 대해서는 여러 설이 있는데요. 1608년 네덜란드의 안경 장인인 리페르세이가 특허를 신청했다는 기록이 남아 있어요."

한스 리페르세이(·570~1619)
출처: 위키피디아

"오, 그래! 그럼 어서 가 보자."

쿠쿠 박사와 현진이는 타임머신을 타고 눈 깜짝할 사이에 1608년의 네덜란드로 날아갔어요.

안경 장인인 리페르세이는 가게 안에서 안경을 만들고 있었어요. 그 모습을 모며 쿠쿠 박사가 현진이에게 물었어요.

"리페르세이는 어떻게 과학자도 생각하지 못한 것을 발명했을까?"

"글쎄요."

바로 그때였어요. 안경 가게 앞을 지나가던 두 아이가 안경용 렌즈를 가지고 장난을 치고 있는 모습이 보였어요. 한 아이가 다른 아이에게 말했어요.

"이것 봐라. 렌즈 두 개를 이렇게 서로 일정한 간격을 두고 겹쳐서 보면 저 멀리 있는 교회의 탑이 훨씬 크게 보여."

"정말? 어디 나도 좀 보여 줘."

가게 안에서 그 모습을 지켜보고 있던 리페르세이는 혹시나 하는 생각에 아이들에게 다가가 물었어요.

"얘들아, 나도 좀 볼 수 있을까?"

그 순간, 리페르세이는 무릎을 탁 쳤어요. 교회의 탑이 마치 눈앞에 있는 것처럼 보였거든요.

"그렇지! 볼록 렌즈와 오목 렌즈를 이용하면 멀리 있는 것을 가까이 볼 수 있겠구나."

이렇게 해서 리페르세이는 최초의 망원경을 만들었어요. 그는 유럽 여러 지역에 자신이 만든 망원경을 팔기 시작했는데, 그가 만든 망원경은 사람들에게 아주 큰 인기를 끌었어요.

리페르세이가 망원경을 최초로 발명하는 모습을 지켜본 쿠쿠 박사는 고개를 갸웃거리며 말했어요.

"리페르세이가 발명한 저 망원경은 겨우 서너 배밖에 크게 볼 수 없는 거잖아. 저런 걸 망원경이라고 할 수 있을까?"

"박사님, 그동안 지구인들이 어떻게 도구를 발전시켜 왔는지 보셨잖아요. 지구인들은 좀 더 풍요롭고 편리한 생활을 하기 위해 끊임없이 더 발전된 도구를 만들어 왔어요. 망원경이

라고 다르지 않을 걸요."

 현진이의 예측은 정확했어요. 리페르세이가 망원경을 만들어 판다는 소문은 이탈리아의 과학자 갈릴레이의 귀에까지 들어갔어요. 당시 하늘의 별을 관찰하고 있던 갈릴레이에게 망원경의 발명은 반가운 일이 아닐 수 없었어요. 그는 당장 달려가서 망원경을 샀어요. 그런 다음 연구를 거듭해 성능이 훨씬 뛰어난 20배율의 망원경을 만들었고, 그 망원경으로 우주를 관찰했답니다.

쿠쿠 박사와 현진이는 타임머신을 타고 이번엔 갈릴레이의 연구실로 날아갔어요. 마침 갈릴레이는 자신이 만든 망원경으로 달을 관찰하고 있었어요.

"갈릴레이 씨, 망원경으로 뭘 관찰하고 계세요?"

"어, 누구세요?"

"놀라지 마세요. 수상한 사람들이 아닙니다. 저희도 망원경에 관심이 많은 사람들입니다."

"아, 그러시군요. 저는 지금 망원경으로 달을 관찰하고 있는데요. 관심 있으시면 한번 보시겠어요?"

쿠쿠 박사는 손을 저었어요. 쿠쿠 박사의 관심은 달이 아니라 망원경이었으니까요.

"아닙니다. 그건 됐고요. 지금까지 망원경으로 뭘 발견하셨나요?"

"제 자랑은 아니지만 정말 이 망원경 덕분에 어마어마한 걸 발견했답니다. 지난번에는 달이 울퉁불퉁한 산과 골짜기로 이루어져 있다는 걸 발견했고요. 이번엔 목성을 관찰하여 위성 네 개를 발견했어요."

"아, 그렇군요."

"그뿐만이 아니에요. 은하수가 무수히 많은 별들의 모임이라는 것도 알아냈답니다."

갈릴레이의 말에 쿠쿠 박사의 반응은 시큰둥했어요. 그도 그럴 것이 쿠쿠 박사는 우주가 어떻게 생겼는지는 훤히 다 알고 있으니까요. 하지만 갈릴레이의 자랑은 끝날 기미가 보이지 않았어요.

"그리고 제가 이 망원경 덕분에 정말 중요한 사실을 알아냈는데요. 그게 뭔지 아세요?"

쿠쿠 박사는 하품을 참으며 물었어요.

"그게 뭔데요?"

"그동안 우리는 태양이 지구를 중심으로 돌고 있다고 생각했는데요. 그게 아니었어요."

옛날 사람들은 지구가 우주의 중심이고, 별들이 지구를 중심으로 돌고 있다는 천동설을 믿고 있었어요. 하지만 갈릴레이는 망원경을 이용해 우주를 관찰한 뒤, 이 천동설이 잘못된 주장이라는 사실을 밝혀냈어요. 갈릴레이는 비밀 이야기를 하듯 주변을 살피며 나지막한 목소리로 말했어요.

천동설

"사실은 태양을 중심으로 지구가 돌고 있답니다."

갈릴레이의 말에 쿠쿠 박사는 눈만 껌벅이며 서 있었어요. 쿠쿠 박사 입장에서는 그건 너무 당연한 사실이었으니까요. 하지만 갈릴레이는 쿠쿠 박사의 그런 반응을 오해했어요.

"아이코, 이런! 엄청 큰 충격을 받으셨군요. 하긴, 다들 태양이 지구를 중심으로 돌고 있다고 생각하니까요. 하지만 사실입니다. 저도 이 망원경이 아니었다면 지금도 그렇게 생각하고 있었을 겁니다. 원하시면 제가 증거를 보여 드릴 수도 있는데……."

쿠쿠 박사는 얼른 손을 휘저었어요.

"아아, 그건 괜찮고요. 망원경에 대해서 몇 가지 여쭤 봐도 될까요?"

"네. 물어보세요."

"갈릴레이 씨가 우주의 비밀을 밝혀내는 데 망원경이 정말 도움이 됐나요?"

"그럼요. 도움이 되고말고요. 제가 장담하는데 이 망원경이라는 도구 덕분에 앞으로는 우주를 관측하는 시대가 열리게 될 겁니다."

둘은 망원경에 대한 조사를 마치고 현재로 돌아왔어요. 쿠쿠 박사가 현진이에게 물었어요.

"현진아, 지구인들은 요즘 어떤 망원경을 사용하고 있니?"

그동안 쿠쿠 박사는 체면 때문에 몰라도 아는 체를 하는 편이었어요. 하지만 이번엔 달랐어요. 지구 도구 박물관에 전시되어 있는 망원경에 잘못된 정보를 적어 놓은 게 마음에 걸렸거든요. 그래서 이번엔 체면이고 뭐고 궁금한 게 생기면 곧바로 현진이에게 물어봤어요.

하지만 망원경에 대해서는 현진이도 자세히 알지 못했어요. 그래서 현진이는 인터넷으로 검색해 쿠쿠 박사에게 알려 줬어요.

"현재 지구인들은 여러 가지 성능 좋은 망원경을 만들어서 우주의 비밀을 밝혀내고 있대요. 지상에서 가장 큰 광학 망원경은 스페인령 카나리아 제도에 설치된 광학 망원경인데요. 지름이 무려 10미터가 넘는대요. 하지만 아무리 큰 광학 망원경을 이용한다고 해도 아주 멀리 있는 천체를 관측하기는 어려워요. 지구의 날씨나 대기의 영향으로 정밀한 상을 얻어 내기가 힘들거든요. 그래서 날씨에 영향을 받지 않게 직접 우주에 띄워 놓은 우주 망원경도 개발했다고 해요."

쿠쿠 박사는 현진이의 설명을 하나도 빠짐없이 수첩에 받아 적었어요.

카나리아 제도에 설치된 광학 망원경
출처: 위키피디아

쿠쿠 박사님의 꼼꼼 수첩

우주를 관측하는 망원경의 세계

광학 망원경
천문대 돔 안에 설치되어 있는 커다란 망원경. 천체를 관측할 때는 돔을 연다.
출처: 위키피디아

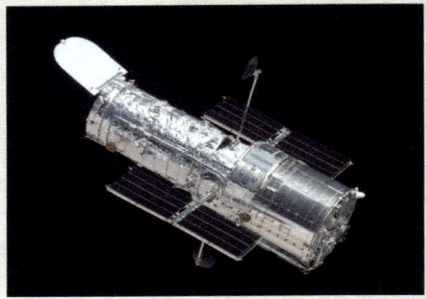

허블 우주 망원경
1990년에 미국 항공 우주국(NASA)에서 쏘아 올린 우주 망원경. 지구 대기권 밖에서 지구 궤도를 돌며 천체를 관측하고 있다.
출처: 위키피디아

엑스선 망원경
지구 대기 밖에서 엑스선을 내는 천체를 관찰하는 특수 망원경. 천체에서 나오는 엑스선은 지구 대기가 차단하기 때문에 우주 공간에서만 관측이 가능하다. 1999년 미국 항공 우주국이 쏘아 올린 인공위성에 포함되어 있다.
출처: 위키피디아

전파 망원경
우주 공간에 있는 천체로부터 발생하는 전파를 관측하는 망원경. 광학 망원경으로 관측하지 못하는 부분을 살펴볼 수 있다.
출처: 위키피디아

현미경이 발견한 세계

쿠쿠 박사가 현진이에게 현미경 사진을 보여 주며 물었어요.

"현진아! 혹시나 해서 물어보는 건데, 이 도구도 망원경 맞지?"

"아니요. 이건 현미경인데요."

현진이의 말에 쿠쿠 박사는 깜짝 놀라 말을 더듬었어요.

"현, 현미경?"

"네! 이건 망원경이 아니라 현미경이에요. 현미경은 작은 걸 크게 볼 수 있도록 도와주는 도구예요. 맨눈으로는 볼 수 없는 아주 작은 것도 이런 현미경으로 볼 수 있어요."

현진이의 말에 쿠쿠 박사는 큰 충격을 받은 듯 보였어요.

"박사님, 왜 그러세요?"

"크, 큰일이네. 난 이것도 망원경인 줄 알고 망원경 바로 옆에 전시해 놓았는데……."

쿠쿠 박사는 머리를 쥐어뜯으며 다급한 목소리로 말했어요.

"현진아, 빨리 현미경에 대해 조사해야겠다. 최초의 현미경은 누가 만들었니?"

현진이는 얼른 인터넷 검색을 해 본 뒤 말했어요.

"1590년에 네덜란드의 안경 장인이었던 얀센 부자에 의해 만들어졌대요."

아들 **자카리아스 얀센**(1585~1632)
출처: 위키피디아

"어떻게 만들게 되었는데?"

"어느 날 얀센은 우연히 렌즈 두 개가 겹쳐져 있는 상태에서 밑에 있던 글자를 보게 되었는데 크게 확대되어 보인다는 것을 발견했대요. 그 후 두 개의 볼록 렌즈를 이용해 최초의 현미경을 만들었다고 해요."

쿠쿠 박사는 수첩에 현진이의 말을 받아 적기 시작했어요.

"하지만 얀센이 만든 현미경은 겨우 10

배 정도밖에 크게 볼 수 없었기 때문에 해양 연구에만 쓰였을 뿐 큰 인기를 끌진 못했대요. 그러다 1660년경에 네덜란드의 발명가인 레이우엔훅이 획기적인 현미경을 만들었대요."

"현진아, 이렇게 인터넷으로 검색만 해 보고 있을 게 아니라, 1660년대로 날아가서 레이우엔훅이 발명한 현미경을 직접 확인해 보는 게 어떨까?"

"네, 박사님. 그게 좋겠어요."

안톤 판 레이우엔훅(1632~1723)
출처: 위키피디아

둘은 타임머신을 타고 레이우엔훅의 연구실로 날아갔어요.

"레이우엔훅 씨, 그 현미경으로 사물을 몇 배 정도 확대해 볼 수 있나요?"

현미경을 들여다보고 있던 레이우엔훅은 깜짝 놀라 뒤돌아봤어요.

"아이코, 깜짝이야. 누구세요?"

쿠쿠 박사가 얼른 대답을 못 하고 있자, 현진이가 나섰어요.

"아, 이분은 신문 기자예요. 선생님이 현미경을 만들었다는 소문이 있어서 취재를 하러 오신 거예요."

"그렇군요. 마침 잘됐네요. 제 자랑은 아니지만 제가 만든 현미경은 사물을 273배로 확대해서 볼 수 있답니다."

"정말이요?"

"그럼요. 아주 작은 동물도 관찰할 수 있어요."

"작은 동물이요?"

"네, 못 믿겠으면 이 현미경으로 제 입안을 한번 살펴보세요."

쿠쿠 박사는 현미경으로 레이우엔훅의 입안을 관찰해 봤어요.

"어때요? 제 입속에 수많은 작은 동물들이 살고 있죠?"

그가 말하는 작은 동물은 박테리아들이었어요. 당시에는 현미경이

막 등장하기 시작한 시기라, 박테리아라는 게 있는지도 몰랐어요. 하지만 현미경이 나오면서 입안 세포에 붙어 있는 세균까지도 다 볼 수 있게 되었던 것이죠. 이로 인해 의사들은 환호성을 질렀어요. 현미경을 통해 우리 몸 구석구석을 살필 수 있게 되면서 의학이 매우 빠르게 발전했거든요.

쿠쿠 박사와 현진이는 레이우엔훅의 연구실에서 나와 대화를 이어갔어요.

"현진아, 현미경을 통해 인간들의 몸을 처음을 관찰한 사람이 저 사람이니?"

"아니요. 로버트 훅이라는 사람이 현미경을 사용해서 처음으로 세포를 관찰했다는데요."

"현진아, 좀 자세하게 말해 줄 수 있겠니?"

쿠쿠 박사가 수첩을 꺼내며 물었어요.

"네, 1665년에 로버트 훅은 자신이 만든 현미경으로 사람 몸의 조직을 관찰하여, 그 조직이 벌집과 같은 작은 방으로 이루어졌음을 발견하고, 이를 '세포(cell)'라고 이름 붙였다고 해요. 이 사실이 널리 알려지면서부터 현미경이라는 도구가 유명해지기 시작했게요."

"현진아, 현미경의 발명 덕분에 어떤 분야가 발전했는지도 알 수 있을까?"

"그럼요! 잠시만 기다려 보세요. 금방 찾아볼게요. 현미경으로 치아 속의 박테리아, 식물 세포, 연못에 사는 작은 생물, 물속에 사는 박테리아 등 여러 가지 생물의 모습을 관찰하기 시작하면서 미생물 분야가 엄청 발전했어요. 그에 따라 그동안 고치지 못했던 여러 가지 질병을 퇴치할 수 있었대요."

"그러니까 지구인들은 도구를 사용하기 시작하면서 생활이 점점 편리해졌을 뿐만 아니라, 질병도 치료할 수 있게 되었고, 질병의 전파도 막을 수 있게 된 거구나."

현미경은 어디에 쓰일까?

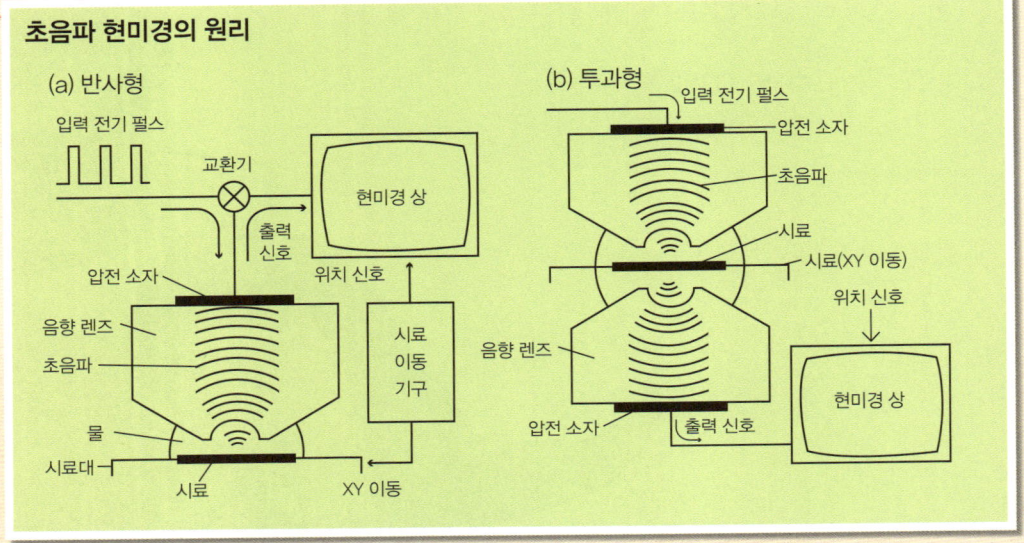

초음파 현미경의 원리

의학·생물학 분야에 쓰이는 현미경

의학·생물학 분야에는 초음파 현미경이 많이 쓰여요. 초음파 현미경은 물질의 딱딱함과 부드러움, 밀도 등에 따라서 반사율·흡수율·투과율이 달라지는 초음파의 특성을 이용한 현미경이에요. 초음파 현미경은 살아 있는 세포의 구조나 조직 등의 관찰에 쓰이고 있어요.

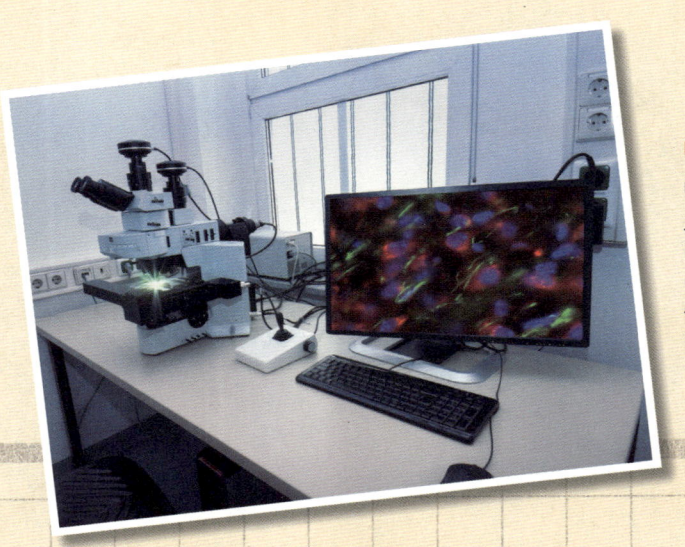

범죄 수사에 쓰이는 현미경

범죄 수사에는 형광 현미경이 주로 쓰여요. 형광 현미경은 물체에 자외선 등을 쪼여 빛나는 형광 물질을 관찰하는 현미경이에요. 형광 현미경은 섬유 또는 페인트 등에 섞여 있는 형광 물질을 관찰할 수 있답니다.

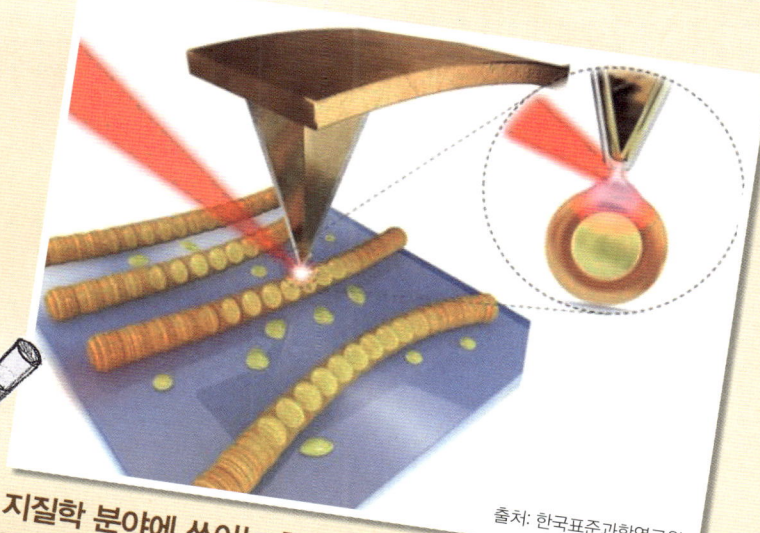

출처: 한국표준과학연구원

지질학 분야에 쓰이는 현미경

2018년 우리나라에서는 소재(장치, 전자 회로 따위의 구성 요소가 되는 낱낱의 부품으로, 독립된 고유의 기능을 가지고 있는 것) 내부 깊은 곳까지 들여다볼 수 있는 고감도 현미경을 개발했어요. 원자힘 현미경이라고 하지요. 물질을 나노미터 수준으로 관찰하는 장비로, 초음파 진단으로 우리 몸속 영상을 보는 것에 비유할 수 있다고 해요.

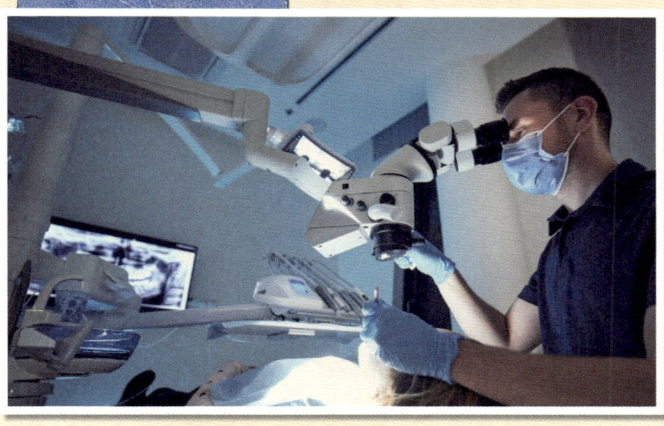

치과에서 쓰이는 현미경

광학 현미경은 치과에서 치아를 치료하는 용도로 이용되고 있어요. 광학 현미경으로 충치를 치료하면 썩은 부분만 정확하게 치료할 수 있답니다. 요즘은 큰 치과에서 점점 많이 사용하고 있다고 해요.

사람들의 생각을 바꾸는 도구는 또 나타날까?

 박사님, 지구인들이 만든 도구를 조사하면서 느낀 건데요. 어떤 도구는 지구인들의 생각을 바꾸는 일도 하는 것 같아요.

 사람들의 생각을 바꾸는 도구? 그런 도구가 어디 있어?

 왜 없어요. 망원경이 바로 그런 도구잖아요. 갈릴레이가 망원경을 발명하기 전까지 사람들은 지구가 우주의 중심이고, 모든 별은 지구를 중심으로 돈다는 천동설을 믿고 있었어요. 교회에서는 천동설을 믿지 않는 자를 화형시키곤 했죠. 하지만 망원경이 등장하면서 우주를 관찰할 수 있게 되었고, 천동설은 틀린 주장이라는 걸 밝혀냈잖아요. 그러니까 망원경이라는 도구 하나가 지구인들의 생각을 바꾼 거라고 할 수 있지 않나요?

 흠……. 그건 그렇긴 한데……. 내가 볼 때 지금 지구에는 도구가 차고 넘치는 것 같아. 더 이상 망원경 같은 도구는 나오지 않을 것 같구나.

 제 생각은 달라요. 사람들은 분명 계속 더 발전된 도구를 발명할 거예요. 그리고 그중에는 지구인들의 생각을 바꿔 놓을 도구가 또 나타날 거예요.

 과학은 계속 발전하니까 물론 그럴 수 있겠지. 하지만 이렇게 앞만 바라보고 가다가 나쁜 결과를 가져올지 몰라 걱정도 되는구나.

박사님이 걱정하시는 게 어떤 거예요?

유전자 조작 기술 같은 경우, 혹시라도 나쁜 쪽으로 이용당할 수 있어서 걱정이 되는 거야.

그러고 보니, 지구상에는 아직도 전쟁이 벌어지는 곳이 있으니까 무기 개발로 인해 끔찍한 일이 벌어질 수도 있겠네요.

과학이 늘 좋은 쪽으로만 발전하는 게 아니니까 말이다. 우리 안드로메다 별에서도 그 때문에 이제는 윤리적인 조항이 매우 강화되었지 않니.

하긴, 갈릴레이도 당시에는 지동설을 주장했다가 탄압을 받았다고 해요. 교회법을 무시한 셈이니까요.

그래도 세상을 깜짝 놀라게 할 만한, 그동안의 잘못된 사실을 바로잡는 도구는 계속 나와 줬으면 좋겠구나.

맞아요. 저도 그러길 바라요.

여러분들 생각은 어떤가요? 망원경처럼 과학적 사실을 완전히 뒤집을 도구의 발명이 또 이루어질 것 같은가요? 역사 속에서 이렇게 사실을 뒤집은 도구에는 또 어떤 것들이 있을지 한번 찾아보아요.

빈칸에 알맞은 낱말 넣기

친구들이 무엇을 설명하고 있는지 빈칸을 채워 보세요.
본문 동화를 잘 읽었다면 금방 맞힐 수 있을 거예요.

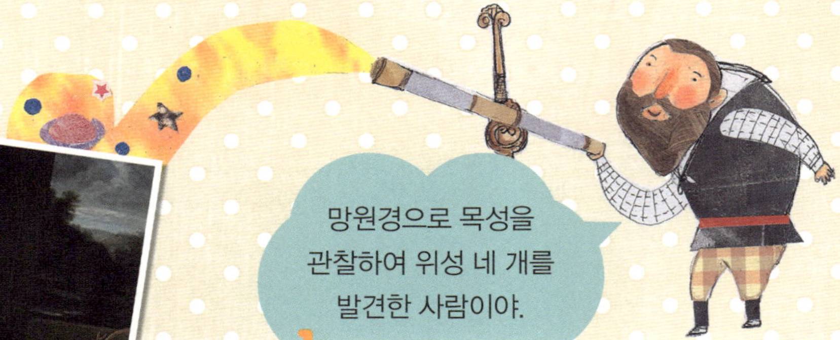

> 망원경으로 목성을 관찰하여 위성 네 개를 발견한 사람이야.
>
> **1.**

> 현미경을 사용해서 처음으로 세포를 관찰한 사람이야.
>
> **3.**

> 1990년에 미국 항공 우주국(NASA)에서 쏘아 올린 우주 망원경이야.
>
> **2.**

> 물체에 자외선 등을 쪼여 빛나는 형광 물질을 관찰하는 현미경이야.
>
> **4.**

정답: ① 갈릴레이 ② 허블 우주 망원경 ③ 로버트 훅 ④ 형광 현미경

📱 사람들이 하루 종일 들여다보고 있는 도구

"박사님, 다음에는 어떤 도구를 조사해야 하죠?"

현진이가 묻자, 쿠쿠 박사가 사진 여러 장을 꺼내 보여 줬어요.

"컴퓨터라는 도구인데, 아무래도 이 도구에 대한 안내 글도 내가 잘못 써 놓은 거 같다."

"뭐라고 써 놓았는데요?"

"'지구인들이 하루 종일 들여다보고 있는 도구'라고 적어 놓았는데……."

쿠쿠 박사의 말에 현진이는 머리가 아픈 듯 인상을 쓰고 한 손으로 이마를 감쌌어요.

"박사님, 박물관의 안내 글을 그렇게 몽땅 엉터리로 적어 놓으면 어떻게 해요? 도대체 제대로 써 놓은 게 하나도 없잖아요."

쿠쿠 박사가 아무 말도 하지 않고 있자, 현진이가 쿠쿠 박사의 눈치를 살피며 물었어요.

"박사님, 왜 그러세요? 삐치셨어요?"

쿠쿠 박사는 여전히 대꾸가 없었어요.

"박사님, 죄송해요. 제가 너무 심한 말을 한 것 같아요. 박사님은 지구에 처음 오신 거니까 지구인들이 쓰는 도구에 대해 잘 모르시는 게 당연하죠. 제가 박사님을 무시하려고 한 건 아니니까 기분 푸세요."

어린 현진이가 이렇게까지 말하는데 계속 삐쳐 있을 순 없겠지요?

쿠쿠 박사는 아무렇지도 않은 듯 일부로 큰 소리로 말했어요.

"하하, 현진아! 내가 그런 일로 삐칠 사람처럼 보이니? 괜찮아."

"정말 괜찮으신 거죠?"

"그렇다니까. 최초의 컴퓨터를 직접 눈으로 확인해 보려면 어느 시대로 가야 하는지나 빨리 검색해 보렴."

현진이는 얼른 스마트폰으로 '최초의 컴퓨터'를 검색해 봤어요.

"박사님, 이게 처음으로 만든 컴퓨터 '에니악'인데요. 직접 확인해 보려면 1946년 미국으로 가야 해요."

둘은 타임머신을 타고 1946년 미국으로 날아갔어요. 실물 에니악을 직접 본 쿠쿠 박사는 입이 떡 벌어졌어요.

"와, 무슨 컴퓨터가 이렇게 크냐?"

최초의 컴퓨터인 에니악은 커다란 방 안에 가득 차 있었어요. 현대를 살고 있는 우리의 눈으로 보면 거대한 고철 덩어리에 불과해 보일지도 몰라요. 하지만 당시에는 최고의 '슈퍼 컴퓨터'였답니다.

둘이 에니악 앞에서 입을 떡 벌리고 있자, 컴퓨터를 조작하고 있던 한 과학자가 다가와 말을 걸었어요.

"놀라셨죠? 이게 바로 컴퓨터라고 하는 도구인데요. 이 도구 덕분에 엄청 편해졌어요. 이 컴퓨터를 이용하면 아주 어려운 계산도 순식간에 해낼 수 있답니다."

쿠쿠 박사와 현진이는 뭐라고 대답해야 할지 몰라 멍하니 서 있었어요. 과학자가 말하는 에니악의 놀라운 계산 속도는 오늘날의 컴퓨터에 비하면 엄청 느린 것이었으니까요.

과학자가 계속 에니악 자랑을 늘어놓으려고 하자 둘은 얼른 인사를 하고 밖으로 나왔어요.

다시 타임머신에 탑승한 쿠쿠 박사는 수첩에 뭔가를 적으며 현진이에게 말했어요.

"현진아, 요즘 지구인들이 쓰는 컴퓨터는 어느 정도 성능을 가지고 있니?"

잘난 체하기 좋아하는 현진이가 이런 기회를 놓칠 리 없겠지요. 현진이는 인터넷으로 컴퓨터의 역사를 검색해 본 뒤 말을 이었어요.

"지구인들은 1960년대에 들어 컴퓨터를 사용하기 시작했어요. 그때부터 많은 기업들이 컴퓨터 센터를 설치하고 전산망을 이용해 자료를

보내기 시작했대요. 그렇게 컴퓨터가 발달하면서 은행의 현금 자동 인출기 같은 도구도 등장했다고 해요."

"그럼 개인용 컴퓨터도 그때 등장했니?"

"아니요. 그때까지도 보통 사람들은 컴퓨터라는 도구가 어디에 쓰이는 건지도 몰랐대요. 그러다 1980년대에 이르러 드디어 책상에 올려놓을 수 있을 만큼 작고 편

쿠쿠 박사님의 꼼꼼 수첩

웨어러블 컴퓨터의 등장

지구인들은 최근 옷이나 안경처럼 몸에 착용하는 웨어러블 컴퓨터를 쓰고 있다. 웨어러블 컴퓨터는 지구인들이 현재 사용하고 있는 물건들과 거의 똑같은 형태여서, 어색해 보이지 않는다. 처음에는 미국에서 군사 훈련용으로 개발하기 시작했는데 요즘은 점점 폭넓게 활용되고 있다.

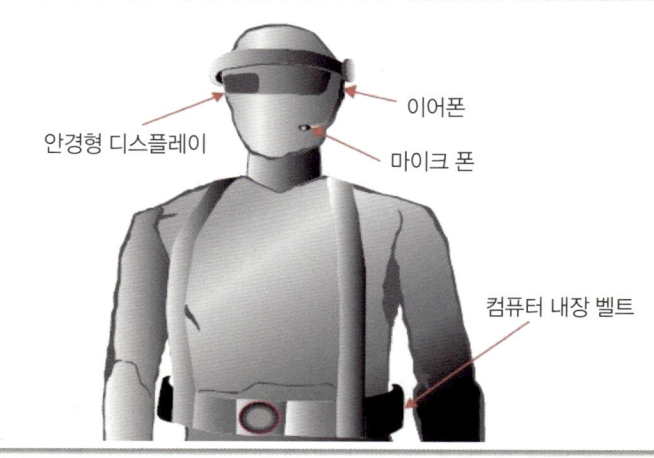

안경형 디스플레이 / 이어폰 / 마이크 폰 / 컴퓨터 내장 벨트

의료용 메디컬 옷

옷에 붙어 있는 컴퓨터가 환자의 상태를 확인해 의료 기관으로 계속 정보를 보낸다. 환자 몸에 문제가 생기면 자동으로 구급차를 불러 주기도 한다.

기분 따라 변하는 옷

LED 부품이 붙어 있는 옷을 입으면 기분에 따라 색깔이나 옷의 무늬 등을 바꿀 수 있다. 이 옷은 음악에도 반응하게 만들어져 있어서 리듬에 따라서도 무늬나 색깔이 변한다.

헐크로 변하는 옷

미국 록히드 마틴사에서 군사용으로 개발한 헐크(HULC)라는 장비를 입으면 누구나 힘이 세진다. 100kg이나 되는 군장도 거뜬히 질 수 있고 16km의 속도로 뛸 수 있다.

리한 개인용 컴퓨터가 보급되었대요. 뒤이어 편하게 들고 다닐 수 있는 노트북과 태블릿 컴퓨터도 개발되었고요. 요즘에는 심지어 옷에 착용하는 컴퓨터도 있어요."

"그런 컴퓨터들로 인해 지구인들의 생활 양식이 변화했니?"

쿠쿠 박사가 수첩에 현진이의 설명을 열심히 받아 적으며 물었어요.

"당연하죠. 아마 인류 역사상 컴퓨터만큼 인간들의 생활 양식에 크게 영향을 미친 도구는 없을 걸요. 컴퓨터는 인간이 기억할 수 있는 것보다 수백만 배나 더 많은 정보를 저장할 수 있는 도구예요. 또 복잡한 계산도 엄청 빠르고 정확하게 처리할 수 있어요. 그리고 컴퓨터를 이용하면 수많은 정보를 언제든지 손쉽게 찾아볼 수 있어요. 이런 여러 가지 장점을 가지고 있는 컴퓨터로 인해 사람들의 생활 양식은 크게 달라졌어요."

지구인들에게 가장 중요한 도구

쿠쿠 박사가 현진이에게 말했어요.

"현진아, 안내 글을 제대로 쓰려면 좀 더 깊이 조사해 봐야겠구나. 인터뷰를 해 보고 싶은데 네 친구 중에 매일 컴퓨터를 쓰고 있는 친구

없니?"

"있어요. 제 짝꿍 지우인데요. 아마 지금쯤 학교 앞 피시방에 있을 거예요."

쿠쿠 박사는 현진이를 따라 피시방을 찾았어요.

"지우야! 오늘도 게임하니?"

지우는 화면에서 눈을 떼지 않고 말했어요.

"응, 지금 엄청 중요한 순간이니까 잠깐만 기다려."

지우의 손가락은 한동안 바쁘게 움직이다 딱 멈췄어요.

"으악! 죽었다."

그제야 지우는 현진이 쪽으로 눈을 돌렸어요.

"왜 무슨 일이야?"

"응, 이 박사님이 너하고 인터뷰를 좀 하고 싶다고 해서……."

쿠쿠 박사는 지우에게 인사를 한 뒤, 수첩을 꺼내 들며 물었어요.

"지우야, 지금 누구하고 게임을 하고 있었던 거니?"

"누군지 이름은 모르겠고요. 미국 게이머들이에요."

"미국 게이머? 미국이라면 지구 반대 방향에 있는 나라일 텐데, 어떻게 게임을 같이 할 수 있지?"

그러자 지우는 고개를 갸웃하며 쿠쿠 박사를 쳐다봤어요.

"그야 뭐 인터넷이 연결되어 있으니까 가능한 거죠. 그런데 아저씨! 인터넷 모르세요?"

갑작스런 질문에 쿠쿠 박사는 억지웃음을 지었어요.

"하하, 인터넷! 그, 그걸 누가 몰라? 다, 다 알지. 신경 쓰지 말고 그냥 네 생각을 말해 보렴."

지우는 쿠쿠 박사를 약간 경계하며 말을 이었어요.

"요즘은 나라와 나라가 다 인터넷으로 연결되어 있어서 아무리 멀리 떨어져 있어도 실시간으로 정보를 빠르게 교환할 수 있어요. 집집마다, 회사마다 인터넷을 이용하지 않는 곳이 거의 없지요. 이런 인터넷 덕분에 제가 지금 이 피시방에 앉아서 미국 게이머들과 게임을 할 수 있는 거잖아요."

쿠쿠 박사는 수첩에 지우의 말을 적은 다음, 다시 물었어요.

"그럼 요즘 지구인들은 인터넷으로 회의 같은 것도 가능하겠구나?"

"지구인이요?"

지우는 연신 고개를 갸웃거리며 말을 이었어요.

"그럼요. 요즘은 저희 같은 초등학생들도 인터넷 수업을 하곤 해요. 인터넷 속의 학교에서 선생님과 만나 공부하고, 숙제도 전자 우편으로 보내기도 해요."

쿠쿠 박사는 깜짝 놀라 속마음을 내뱉고 말았어요.

"정말? 그럼 우리 안드로메다인들과 생활하는 게 비슷하잖아."

"네에? 안드로메다인들과 비슷하다니요? 그게 무슨 말이에요?"

지우가 꼬치꼬치 캐묻자 쿠쿠 박사는 식은땀을 닦으며 변명을 늘어놓았어요.

"그, 그러니까 내, 내 얘기는 만약 안드로메다에 외계인이 산다면 지구인들과 비슷하게 생활하지 않을까 하는 생각이 갑자기 들어서……."

다행히 지우는 쿠쿠 박사의 말이 사실이라고 믿는 눈치였어요.

쿠쿠 박사가 다시 물었어요.

"인터넷이 꼭 좋은 점만 있는 건 아니지 않니? 단점도 있을 것 같은데……."

"네, 맞아요. 요즘은 인터넷 사용이 늘어나면서 개인 정보를 이용한 범죄가 많아지고 있어요. 저도 며칠 전에 게임 아이템 때문에 사기를 당할 뻔한 적이 있어요. 그리고 게임이나 인터넷 중독자가 점점 늘어나고 있어서 문제가 되고 있어요."

쿠쿠 박사는 지우의 말을 다 받아 적은 다음에 악수를 청했어요.

"고맙다. 안드로메다 지구 도구 박물관 관계자들을 대표해서 감사하다는 말을 전하고 싶구나."

"아까부터 자꾸 이상한 말씀을……."

현진이가 쿠쿠 박사의 옆구리를 쿡 찔렀어요. 쿠쿠 박사는 또 실수했다는 사실을 깨닫고 인사도 하는 둥 마는 둥 하고 자리를 떴어요.

"아, 아니다. 아무튼 고맙다. 그럼 다음에 또……."

쿠쿠 박사는 길을 걷고 있는 사람들의 모습을 보더니 현진이에게 물었어요.

"현진아, 사람들이 다들 손바닥을 들여다보며 걸어 다니고 있는데, 왜들 저러니?"

"하하, 박사님! 저건 손바닥을 보고 있는 게 아니라 스마트폰을 보고 있는 거잖아요."

"스마트폰?"

"네, 제가 정보를 찾을 때 쓰던 그 도구요."

"아, 그거! 그 도구를 사람들이 다 가지고 있는 거니?"

"다는 아니지만, 많은 사람들이 가지고 있어요. 요즘은 초등학생들

쿠쿠 박사님의 꼼꼼 수첩

최초의 휴대 전화

지구인들은 1973년에 처음으로 휴대 전화기를 만들었다. 미국의 통신 기업인 모토로라에서 만든 최초의 휴대 전화는 몹시 거칠고 투박한 도구였는데, 그 크기가 어마어마했다. 무게는 1.1kg이었고, 길이는 23cm이였다. 딱 벽돌 정도의 크기였다고 생각하면 된다.

이 휴대 전화기는 충전 시간도 상상을 초월했다. 10시간을 충전하면 겨우 30분 정도 통화할 수 있었다고 한다.

최신 휴대 전화는 소형 컴퓨터라고 불릴 정도로 기능도 다양해졌고, 크기도 손안에 쏙 들어갈 만큼 작아졌다. 게다가 가로 또는 세로로 액정이 접히기까지 한다. 예전과 달리 배터리를 별도로 교체하지 않고 내장된 배터리를 계속 충전하면서 사용한다. 카메라의 성능도 좋아져 사진 편집 및 동영상 촬영도 손쉽게 가능하다.

도 스마트폰을 들고 다닌다니까요. 스마트폰(Smart Phone)은 '똑똑한 휴대 전화'라는 뜻인데요. 컴퓨터 기능이 추가된 휴대 전화라고 생각하시면 돼요."

"스마트폰으로 어떤 일을 할 수 있는데?"

"뭐 못 하는 게 거의 없다고 보시면 돼요. 전화도 할 수 있고, 언제 어디서나 인터넷 쇼핑을 즐길 수도 있고, 메시지, 사진, 영상, 음악, 이

모티콘 등도 친구에게 보낼 수 있고, 트위터나, 페이스북과 같은 SNS를 통해 사람들과 정보를 공유할 수 있고, 목적지까지 빠른 길을 찾아볼 수도 있고, 게임을 할 수도 있고…….”

"그러니까 한마디로 스마트폰이라는 만능 도구 덕분에 지구인들의 생활이 편리해졌다는 거네?"

"네."

"그럼 요즘 지구인들에게 가장 중요한 도구는 스마트폰이겠구나?"

"네. 맞아요. 아마 사람들에게 늘 가지고 다니고 싶은 도구를 딱 하나만 고르라고 하면 많은 사람들이 스마트폰이라고 대답할 거예요."

"현진아, 스마트폰은 단점이 없니?"

"제 생각에는 단점도 좀 있는 거 같아요. 정보가 너무 차고 넘치니까 사람들의 스트레스가 더 느는 것 같아요. 그리고 쇼핑을 쉽게 할 수 있으니까 생활 비용도 증가하는 것 같고요. 아, 그리고 사람들이 다른 사람들과 함께 있을 때에도 스마트폰만 들여다보고 있어서 사람들 간의 소통이 줄어든 것 같아요."

"흠……. 그건 꽤 심각한 부작용이구나. 지구인들은 이제 스마트폰이라는 도구 없이는 살 수 없을 것처럼 보이는데 그런 문제점은 차차 고쳐 나가야겠구나."

유비쿼터스가 뭘까?

현실 공간에 있는 모든 것들을 컴퓨터에 연결해 사용자에게 필요한 정보나 서비스를 제공하는 것을 유비쿼터스라고 해요. 유비쿼터스 기술이 발달하면 컴퓨터가 생활 모든 곳에 연결되어 있어서 사람들의 생활이 크게 바뀔 거예요.

유비쿼터스가 바꿔 놓을 세상

유비쿼터스가 발달하면 가장 먼저 가정생활이 바뀔 거예요. 집 안에 있든지 밖에 있든지 상관없이 집 안의 모든 것들을 통제할 수 있게 되거든요. 요즘도 스마트폰으로 집 밖에서 가스레인지를 켜거나 잠글 수 있어요. 추운 날에는 집 밖에서 스마트폰을 이용해서 미리 보일러를 켜 놓을 수도 있고요. 그런데 앞으로는 그보다 훨씬 더 편리해질 거예요. 오븐이 스스로 조리법을 검색해 요리를 한다거나, 냉장고에 내장된 컴퓨터가 부족한 식재료를 자동으로 주문하는 세상이 곧 올 거예요.

다양한 기술이 필요한 유비쿼터스

유비쿼터스 환경을 만들려면 많은 기술이 필요해요. 우선 와이파이 등을 통해 모든 장치들이 연결되어 있어야 하고, 어디에서나 쉽게 정보를 확인할 수 있어야 하지요. 그리고 컴퓨터가 겉으로 드러나 있지 않아야 하고, 사용자에 따라 각각 다른 서비스를 제공하는 기술이 뒷받침되어야 해요.

유비쿼터스 사회의 문제점

유비쿼터스 사회는 한마디로 모든 것이 컴퓨터에 의해 관리되는 사회예요. 그래서 개인 정보가 쉽게 노출될 수 있고, 사생활이 보호 받지 못할 수도 있어요. 유비쿼터스가 발달하면서 생기는 이런 문제를 해결할 방법도 빨리 찾아야 할 거예요.

인터넷의 장점과 단점

 저도 지구에 살기 시작하면서 매일 인터넷을 이용하고 있는데요. 인터넷을 이용하면 편리한 점이 많더라고요.

뭐가 그렇게 편리하다는 거니?

 물건을 사기 위해 힘들게 상점까지 가지 않고 필요한 것을 살 수 있는 게 제일 좋아요.

하지만 내가 볼 때는 인터넷을 사용하면 여러 가지 문제가 있는 것 같구나.

 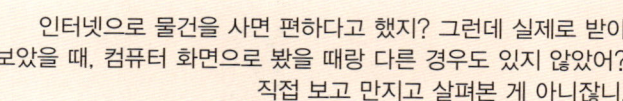 박사님은 뭐가 문제점인 것 같은데요?

인터넷으로 물건을 사면 편하다고 했지? 그런데 실제로 받아 보았을 때, 컴퓨터 화면으로 봤을 때랑 다른 경우도 있지 않았어? 직접 보고 만지고 살펴본 게 아니잖니.

 그런 일이 있기는 했죠. 그래도 반품하면 되니까 괜찮아요. 반품 신청을 하면 알아서 수거하러 오거든요.

직접 보고 샀다면 그런 번거로움은 없었을 텐데 말이다.

하지만 은행에 직접 가지 않고도 인터넷으로 은행 업무를 보는 건 정말 편하다고요. 기다리지 않아도 되고, 매일 빠르게 처리도 되고요.

은행이나 국가 주요 기관의 네트워크에 몰래 들어가서 정보를 훔쳐 내는 일이 있으면 어떡하니? 뉴스를 보니 개인 정보가 유출되는 사고도 빈번하던데. 번거로워도 뭐든 직접 하는 거 최고 안전하지.

은행 자체가 전산화가 되어 있어서 그런 위험은 언제든 있어요. 그리고 박사님이 우려하는 일은 극히 드물게 벌어지는 사고라고요.

모든 게 인터넷으로 간편해지니, 사람이 해야 할 일이 점점 줄어드는 것도 난 걱정이구나.

박사님 말씀도 틀린 건 아니에요. 그렇기 때문에 우리는 컴퓨터를 올바르게 이용하는 방법을 배우고, 인터넷의 수많은 정보 속에서 올바른 정보를 가려낼 줄 아는 눈을 키워야 할 것 같아요. 그러려면 일단 인터넷 사용의 장점과 단점을 잘 알고 있는 게 좋겠죠?

여러분이 생각하는 인터넷의 장점과 단점은 무엇일까요? 인터넷을 통해 생활이 편리해진 만큼 아쉬운 부분도 있지 않을까요? 친구들 또는 부모님과 한번 이야기 나누어 보아요.

초성 퀴즈

각각 무엇을 설명하고 있는지 초성 힌트를 보고 써 보세요.

가장 처음으로 만든 컴퓨터의 이름은? ㅇ ㄴ ㅇ	………………………

| 옷이나 안경처럼 몸에 착용하는 컴퓨터를 뭐라고 할까?
ㅇ ㅇ ㄹ ㅂ | ……………………… |

| 현실 공간에 있는 모든 것들을 컴퓨터에 연결해 사용자에게 필요한 정보나 서비스를 제공하는 것을 뭐라고 할까?
ㅇ ㅂ ㅋ ㅌ ㅅ | ……………………… |

| '똑똑한 휴대 전화'라는 뜻으로, 컴퓨터 기능이 추가된 휴대 전화를 뭐라고 부를까?
ㅅ ㅁ ㅌ ㅍ | ……………………… |

정답: ❶ 에니악 ❷ 웨어러블 ❸ 사물인터넷 ❹ 스마트폰

⭐ 최초의 로봇은 악마가 만들었다고?

오늘은 쿠쿠 박사가 지구에 온 지 5일째 되는 날이에요. 쿠쿠 박사는 현진이네 집에서 늦잠을 자고 있었어요. 그동안 이곳저곳 시간 여행을

많이 했기 때문에 몹시 피곤했거든요. 그때 갑자기 무전기에서 신호가 울렸어요.

"삐! 삐! 응답하라!"

안드로메다 사령관님의 목소리였어요.

쿠쿠 박사는 자리에서 벌떡 일어나 무전기를 들었어요.

"네, 사령관님!"

"지구 도구 박물관 개장 날짜가 이제 이틀밖에 안 남았는데, 조사는 잘 진행되고 있겠지요?"

"네, 현진이 덕분에 잘 되고 있습니다."

"그럼 내일까지는 조사 다 마치고 안드로메다로 돌아올 수 있는 거죠?"

"내, 내일이요?"

"왜요? 모레가 지구 도구 박물관 개장이잖아요. 내일까지는 돌아와서 안내 글을 다시 꼼꼼히 적어 놓아야 할 거 아닙니까? 왜요? 못 하겠어요?"

"아, 아닙니다. 할 수 있습니다."

쿠쿠 박사는 세상모르고 자고 있는 현진이를 흔들어 깨웠어요.

"현진아, 얼른 일어나 봐라. 빨리 서둘러야겠어."

"왜요?"

"말도 마라. 안드로메다 사령관님한테 무전이 왔는데, 어찌나 독촉을 해대는지, 원. 아무튼 내일까지는 조사를 다 끝내고 안드로메다로 돌아가야 하니까 서두르자."

현진이는 늘어지게 기지개를 켜며 자리에서 일어났어요.

"알겠어요, 박사님! 아무리 바빠도 일단 청소 좀 하고요. 며칠 청소를 안 했더니, 집이 너무 지저분하네요."

현진이가 로봇 청소기 리모컨을 눌렀어요. 그러자 갑자기 쿠쿠 박사 발밑에 있던 로봇이 윙 소리를 내며 청소를 하기 시작했어요.

쿠쿠 박사는 깜짝 놀라 자리에서 펄쩍 뛰었어요.

"아이코, 깜짝이야. 이게 뭐냐?"

"뭘 그렇게 놀라세요. 청소 로봇이잖아요."

"로봇? 그렇지 않아도 로봇이라는 도구에 대해 조사를 해야 하는데 마침 잘됐구나. 현진아, 지구인들은 이런 로봇을 많이 사용하고 있니?"

"그럼요, 박사님도 아시다시피 지구인들은 오랜 세월 동안 생활을 편리하게 하기 위해 다양한 도구를 만들어 왔잖아요. 그렇게 도구를 계속 발전시켜 온 지구인들의 최종적인 목표가 바로 로봇이에요. 로봇은 인간이 할 수 있는 일을 거의 다 대신할 수 있거든요. 이보다 더 편한 도구가 어디 있겠어요? 로봇은 도구의 끝판왕이에요."

쿠쿠 박사가 수첩을 꺼내들며 현진이에게 물었어요.

"현진아, 그럼 기계로 만들어지면 다 로봇이니?"

"아니요. 기계로 만들어졌다고 다 로봇이라고 부르는 건 아니에요. 로봇이라고 불리려면 세 가지 조건을 갖추고 있어야 해요. 첫째, 로봇은 인간을 대신해서 일을 하거나 인간에게 도움을 주어야 해요. 둘째, 자동 장치로 움직여야 하고요. 셋째, 주변의 상황에 스스로 반응할 줄 알아야 해요."

현진이가 리모컨을 들어 텔레비전을 틀었어요. 마침 텔레비전에서는 기계들이 서로 대결하는 프로그램이 방영되고 있었어요.

"박사님, 제가 퀴즈 하나 내 볼게요. 서로 대결을 펼치고 있는 저 기계들은 로봇일까요? 아닐까요?"

"그야 당연히 로봇이지."

"땡! 저 기계들은 진정한 로봇이라고 볼 수 없어요. 뒤에서 사람들이 원격 조종기를 이용해서 기계를 제어하고 있는 게 보이죠? 저렇게 스스로 움직이지 못하는 기계는 로봇이라고 할 수 없어요. 하지만 지금 이 방을 청소하고 있는 저 청소 로봇을 보세요. 스스로 방향을 바꿔 가며 자동으로 청소를 하고 있죠? 저런 기계가 바로 로봇이에요."

현진이가 가르치듯이 말하자 쿠쿠 박사는 자존심이 조금 상했어요. 하지만 지금은 자존심을 세우고 있을 시간이 없었어요. 한시라도 빨리 로봇에 대한 조사를 마치고 안드로메다로 돌아가야 하니까요.

쿠쿠 박사는 꾹 참고 얼른 화제를 돌렸어요.

"현진아! 일단 타임머신을 타고 최초의 로봇부터 조사해 보도록 하자꾸나."

"네, 박사님."

현진이와 쿠쿠 박사는 타임머신을 타고 1768년 유럽으로 날아갔어요. 그들이 찾아간 사람은 스위스의 시계공이었던 피에르 자케드로였어요.

"안녕하세요? 아저씨가 움직이는 로봇을 만들었다는 소문을 듣고 찾아왔는데요. 그 로봇을 한번 볼 수 있을까요?"

"로봇이라니? 그게 무슨 뜻이니?"

'로봇'이라는 단어는 1920년 체코슬로바키아 작가 카렐 차페크가 희곡에서 처음 사용했어요. 그러니까 1768년에 살고 있는 피에르 자케드로 씨가 로봇이 뭔지 알 리가 없겠죠.

카렐 차페크(1890~1938). SF작가이자 출판업자
출처: 위키피디아

현진이는 그제야 그 사실을 깨닫고 얼른 말을 바꿨어요.

"에……. 그러니까 움직이는 인형이요. 혹시 그런 인형 만들지 않으셨어요? 인터넷을 검색해 보니까 아저씨가 만들었다고 하던데요."

"인터넷은 또 뭐니?"

피에르 자케드로 씨가 고개를 갸웃하자, 쿠쿠 박사가 현진이의 귀를 잡아당기며 귓속말로 속삭였어요.

"너 자꾸 이상한 말 할래?"

"아아, 죄송해요. 그럼 지금부터 전 입 다물고 있을 테니까 박사님이 인터뷰를 하세요."

쿠쿠 박사가 억지 미소를 지으며 말했어요.

"하하, 이 녀석이 하는 말은 신경 쓰지 마십시오. 저희는 선생님께서 움직이는 기계를 만드셨다는 소문을 듣고 찾아왔습니다."

"아니, 그걸 어떻게 아셨습니까? 마침 스페인 왕과 대신들에게 제가 심혈(마음과 힘)을 기울여 만든 기계를 보여 주러 가는 길인데, 괜찮으시면 함께 가시죠."

이렇게 해서 쿠쿠 박사와 현진이는 피에르 자케드로 씨를 쫓아 스페인 궁으로 가게 되었어요.

"폐하, 제가 특별히 만든 시계입니다."

피에르 자케드로 씨는 머리를 조아리며 시계 세 개를 왕에게 바쳤어요. 그 시계에는 각각 화가, 음악가, 작가의 모습을 하고 있는 인형들이 장식되어 있었는데, 그게 바로 스스로 움직이는 인형들이었어요.

'화가' 로봇 인형은 손에 연필을 쥐고 그림을 그렸어요. '음악가' 로봇 인형은 멋진 멜로디를 연주했지요. '작가' 로봇 인형은 글을 따라 시선을 옮기며 완벽한 문장을 써냈어요.

인형들의 움직임을 본 왕과 대신들은 소스라치게 놀랐어요.

"앗, 인형들이 스스로 움직이다니!"

"저건 사탄의 인형이다."

스페인의 왕은 병사들에게 명령을 내렸어요.

"저자는 사탄의 자식이다. 당장 화형에 처하라."

그러자 자케드로가 손을 휘저으며 말했어요.

"폐하, 저에게 한 번만 기회를 주십시오. 저건 톱니바퀴가 돌아가는 힘으로 움직이는 기계들입니다. 절대 사탄의 인형이 아닙니다."

"그래? 그럼 어디 한번 증명해 봐라."

자케드로는 시계를 모두 분해해서 인형이 어떻게 스스로 움직이는지 왕에게 설명했어요.

"폐하, 이 인형은 스스로 작동하는 기계 '오토마나'를 이용한 기술입니다. 기계적인 힘에 의해 움직이는 것으로 1495년 레오나르도 다빈치에 의해 처음 발명된 기술입니다."

자케드로의 설명을 들은 스페인 왕은 자케드로에게 막대한 상금을 내렸어요.

그 모습을 옆에서 지켜본 쿠쿠 박사가 현진이에게 물었어요.

"현진아, 그러니까 지구인들은 처음에는 톱니바퀴에 의해 자동으로 움직이는 기계를 만들었구나. 그러다 점차 기술이 발전해서 요즘처럼 다양한 로봇을 만들게 되었고. 내 말이 맞니?"

"네, 맞아요. 박사님."

쿠쿠 박사님의 꼼꼼 수첩

산업용 로봇의 종류

산업용 로봇은 1960년대 초반부터 산업 현장에서 사용되고 있는 로봇이다. 일반적으로 하나의 팔을 가지고 있으며 작업에 알맞도록 고안된 도구를 부착하고 제어 장치에 내장된 프로그램의 순서에 따라 작업을 수행한다. 산업용 로봇은 인간의 노동력을 대신함으로써 인건비를 감소시키며, 작업의 정밀도와 생산성을 향상시켜 준다. 인간을 대신하여 반복적이고 위험한 작업을 수행함으로써 인간의 작업 환경을 개선시켜 준다는 장점도 갖고 있다.

그러나 산업 안전과 보건의 새로운 유해 요소로서 로봇의 예상치 못했던 특징적인 요소들이 생겨나고 있다. 실제로 산업용 로봇은 종종 빠른 속도로 작동되고 예측할 수 없는 운동 패턴과 예상치 못한 지연 시간, 나아가 작업장의 로봇 디자인과 수행 특징에 대한 오류로 인하여 중상 및 사망 사고까지도 유발시킨다.

수동 조작형 로봇: 조작 방법에 따라 인간이 직접 조작하는 로봇
시퀀스 로봇: 미리 설정된 순서에 따라 행동하는 로봇
플레이백 로봇: 인간의 행동을 그대로 따라 하는 로봇
수치 제어 로봇: 프로그램을 수시로 변경할 수 있는 로봇
지능형 로봇: 학습 능력이나 판단력을 지닌 로봇

우리 생활 곳곳에서 만나 볼 수 있는 로봇

　다시 현재로 돌아온 쿠쿠 박사와 현진이는 우리 생활 곳곳에서 만나 볼 수 있는 로봇을 살펴보기 위해 자동차 공장을 찾았어요. 자동차 공장에는 로봇 팔이 많이 보였어요. 로봇 팔은 이리저리 움직이며 자동차 부품을 조립하고 있었어요.
　쿠쿠 박사는 메모를 하며 혼잣말을 중얼거렸어요.
　"흠……. 손에 특수한 장비가 달려 있어서 용접을 하는 로봇도 있고, 레일 위에서 움직이며 생산 라인에서 만들어진 자동차 제품을 검사하고 있는 로봇도 있군."

쿠쿠 박사는 한동안 산업용 로봇들이 하는 일을 지켜본 뒤 현진이에게 물었어요.

"현진아, 지구인들은 언제부터 이런 산업용 로봇을 이용했을까?"

현진이는 얼른 검색을 해 본 뒤 입을 열었어요.

"산업 현장에 로봇이 사용된 건 1960년대부터라고 해요. 그러다 1980년을 전후로 산업용 로봇이 본격적으로 쓰이기 시작했대요. 이런 산업용 로봇 덕분에 물건을 좀 더 빠르고 정확하게 만들 수 있게 되었다고 해요."

"현진아, 이 로봇은 어디 가면 볼 수 있니?"

쿠쿠 박사는 안드로메다 지구 도구 박물관에 전시되어 있는 로봇 사진을 현진이에게 보여 줬어요.

"이 안내 로봇은 인천 공항에 가면 볼 수 있어요."

쿠쿠 박사와 현진이는 공항 철도를 타고 인천 공항에 도착했어요. 인천 공항 안으로 들어가자마자 청소 로봇이 청소를 하고 있는 모습이 보였어요.

쿠쿠 박사와 현진이가 앞을 가로막자 청소 로봇이 말했어요.

"죄송합니다만, 지금은 청소 중이니 옆으로 비켜 주세요."

"이크, 이 청소 로봇은 말도 하잖아."

쿠쿠 박사는 약간 놀라는 표정으로 현진이를 쳐다봤어요.

"뭘 그렇게 놀라세요. 요즘은 로봇들이 요리도 하고, 그림도 그리고, 커피도 만들어요. 심지어 식당에서 서빙을 하는 로봇도 있는 걸요. 여기 인천 공항에서 일하는 안내 로봇은 네 가지 언어를 알아듣고 말도 할 줄 안대요."

"진짜?"

둘은 안내 로봇을 찾아가 말을 붙여 봤어요. 안내 로봇은 한국어, 영어, 일본어, 중국어 네 개 언어를 알아듣고 말할 수 있었어요.

"항공사 카운터가 어디에 있니?"

쿠쿠 박사가 묻자 안내 로봇이 말했어요.

"저를 따라오세요. 제가 안내해 드리겠습니다."

쿠쿠 박사와 현진이는 안내 로봇의 뒤를 따라가 봤어요. 안내 로봇은

쿠쿠 박사님의 꼼꼼 수첩

인간과 함께 하는 로봇

산업용 로봇
산업 현장에서 인간의 노동을 대신하는 로봇으로 조립, 용접, 절단, 운반 등의 작업을 한다. 초기에는 '자동으로 움직이는 장치'를 모두 로봇이라고 했지만, 요즘은 재프로그램이 가능하고, 독립적으로 세 가지 이상의 방향으로 움직일 수 있어야 산업용 로봇이라고 부르고 있다.

서비스용 로봇
인간들을 위해 필요한 작업을 수행하며 서비스를 제공하는 로봇이다. 집안일이나 교육, 안내 등의 일을 한다. 서비스용 로봇은 다시 개인용 서비스 로봇과 전문 서비스 로봇으로 분류된다.
개인용 서비스용 로봇은 청소, 요리, 심부름 등을 하거나, 노인·장애인 등을 도와주거나, 물건을 운반하는 등의 일을 한다. 전문 서비스 로봇은 안내, 도우미, 시설 경비, 배달 등의 일을 하는 로봇이다.

특수 목적용 로봇
특수한 일에 투입되어 인간의 일을 대신하는 로봇이다. 특수 목적용 로봇은 지뢰 제거, 의료 및 수술, 화재 진압, 군사, 우주 탐사 등의 특수 목적으로 사용되고 있다.

둘을 항공사 카운터 앞까지 안내해 준 다음, "그럼 즐거운 여행 되세요"라고 깍듯하게 인사를 한 뒤, 원래 위치로 되돌아갔어요.

쿠쿠 박사는 수첩에다 뭔가를 적으며 현진이에게 물었어요.

"현진아, 현재 지구에 저 로봇보다 머리가 더 좋은 로봇도 있니?"

"그럼요. 요즘은 인간처럼 생각하고 스스로 행동하는 인공 지능이 빠르게 발전하고 있어요. 아마 조만간 인공 지능 로봇도 등장할 걸요."

"오, 그래! 지구인들이 벌써 인공 지능을 개발했구나. 지구인들이 만든 인공 지능은 현재 어느 정도 수준까지 발전했니?"

현진이는 잠시 생각하다 손뼉을 짝 치며 말을 이었어요.

"지난 2016년에 한국의 프로 바둑 기사인 이세돌과 인공 지능 알파고의 바둑 대결이 펼쳐진 적이 있어요. 이때 많은 사람들은 인공 지능이 프로 기사에게 상대도 안 될 거라고 생각했어요. 그때까지만 해도 인공 지능이 프로 바둑 기사를 이긴 적이 한 번도 없거든요. 그런데 알파고는 달랐어요. 예상을 뒤엎고 알파고가 승리했거든요."

"그럼 요즘은 더 발전했겠구나."

"네, 요즘은 프로 바둑 기사들도 인공 지능으로 바둑 공부를 한다고 해요. 인공 지능을 스승처럼 생각하고 있는 거죠. 앞으로는 다른 분야도 인공 지능한테 배워야 할지도 몰라요. 이런 면에서 로봇은 그동안 사람들이 만든 도구하고는 전혀 다른 도구인 것 같아요. 로봇은 인간의 생활을 도와주는 단계를 넘어서 인간을 교육하는 단계까지 발전했으니까요."

쿠쿠 박사가 현진이의 말을 수첩에 적으며 물었어요.

"하지만 인공 지능이 무조건 다 좋은 건 아닌데, 지구인들도 그걸 알고 있겠지?"

"네, 지구인들도 그런 사실을 잘 알고 있는 것 같아요. 인공 지능이 발전할수록 사람들이 하는 일을 기계가 대신하게 될 테니까, 그만큼 많은 사람들이 일자리를 잃어버릴 거예요."

쿠쿠 박사가 걱정스러운 표정으로 말했어요.

"옛날에 우리 안드로메다에서도 로봇 때문에 이런저런 문제가 생겼었지. 킬러 로봇을 만드는 바람에 많은 안드로메다인들이 다치는 일도 있었고. 지구인들도 더 발전된 인공 지능 로봇을 만들기 전에 인공 지능 로봇을 통제하는 법 같은 걸 만들어 두는 게 좋을 텐데……."

"지구인들도 로봇이 지켜야 할 3대 원칙을 만들어 놓고, 로봇을 만들 때 이 원칙이 적용되도록 프로그래밍하고 있대요."

"아무튼 내 생각에 가까운 미래엔 로봇이 가정의 필수품이 될 것 같구나. 로봇이 사람들을 대신해서 요리도 하고, 시장도 보는 그런 세상이 올 거야."

"맞아요. 분명 가까운 미래에 지구인들은 로봇과 함께 살아가게 될

쿠쿠 박사님의 꼼꼼 수첩

로봇이 지켜야 할 3대 원칙

지구인들이 만든 로봇은 사람을 공격할 가능성도 있다고 한다. 그래서 아이작 아시모프라는 작가는 로봇이 지켜야 할 3대 원칙을 제시했다고 한다.

첫째, 로봇은 인간에게 해를 끼쳐서는 안 된다. 위험에 처해 있는 인간을 못 본 체해서도 안 된다.

둘째, 제1원칙에 위배되지 않는 경우 로봇은 인간의 명령에 반드시 복종해야만 한다.

셋째, 제1원칙과 제2원칙에 위배되지 않는 경우 로봇은 자기 자신을 보호해야만 한다.

아이작 아시모프(1920~1992). 미국의 작가이자 화학 박사, 생화학 교수. SF 거장이라고 불린다.
출처: 위키피디아

거예요."

바로 그때 무전기에서 신호가 울렸어요.

"아아, 쿠쿠 박사! 출발했나?"

쿠쿠 박사는 얼른 무전기 버튼을 누르며 말했어요.

"아, 네! 사령관님. 오늘 중으로 도착해서 안내 글을 바꿔 놓을 테니까 걱정하지 마십시오."

쿠쿠 박사는 무전기를 끄자마자 현진이에게 인사를 건넸어요.

"현진아, 그동안 도와줘서 정말 고맙다. 네 덕분에 조사를 잘할 수 있었던 것 같구나. 그럼 사람들한테 들키지 말고 잘 지내렴."

"네, 박사님. 지구인들이 쓰는 도구에 대해 또 궁금한 게 있으면 또 연락 주세요."

쿠쿠 박사는 인사를 마치자마자 우주선을 타고 안드로메다로 날아갔어요.

안드로메다 별에 도착한 쿠쿠 박사는 곧장 지구 도구 박물관으로 달려갔어요.

"내일 아침이 밝아 오기 전까지 안내 글을 다 고쳐 놔야 해."

쿠쿠 박사는 밤새 안내 글을 고쳐 적었어요.

드디어 지구 도구 박물관을 개장하는 날이 밝았어요. 박물관에는 사령관을 비롯해서 수많은 안드로메다인들이 방문했어요.

쿠쿠 박사가 단상으로 올라가 마이크를 잡았어요.

"지구 도구 박물관을 찾아 주신 여러분, 정말 감사합니다. 지구인들이 어떻게 도구를 발전시켜 왔는지 간단하게 설명 드린 뒤, 개장 행사를 시작하겠습니다. 지구인들은 오랜 세월 동안 꾸준히 문명을 발전시켜 왔습니다. 인간들이 이렇게 문명을 계속 발전시켜 올 수 있었던 건 바로 여기 전시되어 있는 도구 덕분입니다."

쿠쿠 박사는 박물관에 전시되어 있는 석기 시대 도구를 손으로 가리키며 말을 이었어요.

"석기 시대에 살았던 사람들은 '뗀석기'나 '간석기' 등 아주 간단한 도구를 사용했습니다. 이런 도구들을 만들기 시작하면서 인간들은 차츰 문명의 싹을 틔울 수 있었습니다."

쿠쿠 박사는 박물관에 전시되어 있는 바퀴를 손으로 가리키며 말을 이었어요.

"그러다 인간들의 문명을 획기적으로 발전시킨 도구가 등장합니다. 그게 바로 이 바퀴입니다. 바퀴는 인간이 만들어 낸 수많은 도구 중에서 가장 위대한 것 중의 하나로 손꼽히고 있습니다. 이 바퀴 덕분에 수레, 마차, 기차, 자동차, 비행기 등의 도구가 탄생할 수 있었으니까요."

쿠쿠 박사는 마이크를 반대편 손으로 옮겨 잡으며 말했어요.

"인간들은 더 편리하고 풍요로운 생활을 하기 위해 끊임없이 도구를 개발해 나갔고, 그로 인해 새로운 세계를 접할 수 있었습니다. 여기 전시되어 있는 망원경과 현미경이 바로 그런 도구입니다. 인간들은 망원경을 만들어서 넓은 우주를 관찰할 수 있게 되었습니다. 또 현미경을 이용해 눈에 보이지 않는 세계를 관찰하고, 질병을 퇴치할 수 있는 방법을 알아냈지요."

쿠쿠 박사는 지구 도구 전시장에 전시되어 있는 로봇을 손으로 가리키며 말했어요.

"지금 이 전시장에 전시되어 있는 컴퓨터나 로봇 등의 도구를 만들어 사용하면서 인간들의 생활은 예전에 비해 훨씬 더 편리해졌습니다. 또한 일을 하는 데 드는 시간과 노력이 줄어들었고, 좀 더 다양한 세상을 접할 수 있게 되었지요. 하지만 인간들은 여기서 멈추지 않고 또 다른 도구를 만들어 낼 겁니다. 좀 더 편리하게 살려고 하는 인간들의 욕망은 끝이 없으니까요. 자, 그럼 설명은 여기까지 하고, 개장 행사를 시작하겠습니다."

지구 도구 박물관 개장 행사가 끝나자, 사령관이 쿠쿠 박사를 칭찬해 줬어요.

"쿠쿠 박사, 수고했어요. 안내 글이 아주 자세하게 적혀 있어서 각 도구가 어떤 용도로 사용되었는지 쉽게 이해할 수 있었습니다. 역시 안드로메다 최고의 고고학자답습니다."

"별 말씀을요……."

"흠, 그런데 말이죠. 로봇 전시관이 좀 허전해 보이는데……."

"네, 그게 무슨 말씀이신지?"

"그러니까 내 말은 이왕이면 지구인들이 만든 안드로이드 로봇도 전시해 놓으면 참 좋겠는데……."

"그 말씀은 제가 다시 지구에 가서……."

"아아, 귀찮으시면 안 갔다 오셔도 됩니다. 다른 고고학자들도 많으니까……."

"아, 아닙니다. 귀찮기는요. 지금 당장 지구토 가서 안드로이드 로봇을 구해 오겠습니다."

쿠쿠 박사는 다시 우주선을 타고 지구로 날아갔어요. 멀리 지구가 보이자 쿠쿠 박사는 긴 한숨을 내뱉으며 현진이에게 무전을 쳤어요.

"현진아, 빨리 나 좀 또 도와줘야겠다."

로봇과 함께 사는 세상은 좋은 세상일까? 나쁜 세상일까?

로봇 기술은 하루가 다르게 점점 발전하고 있어. 앞으로 싫든 좋든 로봇 세상이 찾아올 거야. 로봇과 함께 살아가는 세상은 좋은 세상일까? 나쁜 세상일까?

저는 좋은 세상이라고 생각해요. 전에 텔레비전에서 치매 환자를 돌보는 간병 로봇 '엠마'를 본 적이 있어요. 엠마는 요양원에서 노인들을 위해 여러 가지 역할을 톡톡히 해내고 있었어요. 간단한 대화도 가능해서 치매 환자들의 말벗이 되어 주기도 하고, 환자들에게 춤을 가르쳐 주기도 했어요. 이런 엠마 덕분에 치매 노인들은 즐겁게 지낼 수 있게 되었어요. 앞으로 로봇과 함께 사는 세상이 오면, 분명 로봇이 여러 가지 사회 문제를 해결해 줄 수 있을 거예요.

저도 현진이의 생각에 동의해요. 로봇은 사람들이 하기 싫어하거나 할 수 없는 일을 대신해서 척척 해 줄 수 있어요. 소방관을 대신해서 불 속에 뛰어 들어 사람을 구할 수도 있고, 방사능에 오염된 곳을 청소하는 일도 할 수 있지요. 이런 로봇 덕분에 인류는 더 나은 미래를 꿈꿀 수 있게 될 거예요.

전 부정적으로 생각해요. 사람이 할 일을 로봇이 다 하게 되면 수많은 사람들이 일자리를 잃게 될 거예요. 로봇 때문에 실업자가 된 사람들을 어떻게 해야 할까요? 그리고 공상 과학 영화에서 보던 일이 진짜로 일어날 수도 있어요. 로봇이 인간의 통제를 벗어나 자기 멋대로 행동하면 어떻게 해야 하나요? 생각만 해도 너무 무서워요.

제 생각에도 로봇과 함께 사는 세상은 나쁜 세상일 거 같아요. 만약 로봇이 인간보다 더 똑똑해진다면 어떻게 될까요? 지금도 인공 지능이 인간보다 더 똑똑해서 어떤 분야는 인공 지능으로부터 배우고 있잖아요. 이렇게 로봇이 점점 똑똑해지면, 인간이 로봇에게 지배당할 수도 있다고 봐요.

여러분 생각은 어떤가요? 앞으로 더 발달된 로봇이 등장한다면 우리 인간에게 이로울까요, 해로울까요? 인간과 로봇이 더불어 살 수 있으려면 어떻게 해야 좋을까요?

맞는 내용 찾기

다음 설명을 잘 읽고, 맞는 내용에 선을 그어 보세요.

1 나는 인간의 행동을 그대로 따라 하는 로봇이야. • • **A** 산업용 로봇

2 난 산업 현장에서 인간의 노동을 대신하는 로봇이야. • • **B** 플레이백 로봇

3 난 인공 지능을 탑재하고 있어서 사람처럼 생각하고 행동할 줄도 알아. • • **C** 서비스용 로봇

4 난 인간들을 위해 필요한 작업을 수행하며 서비스를 제공하는 로봇이야. 주로 집안일이나 교육, 안내 등의 일을 해. • • **D** 안드로이드 로봇

간석기 돌을 갈아 만든 선사 시대의 생활 도구이다. '마제 석기'라고도 부르며, 주로 신석기 시대와 청동기 시대에 사용되었다.

뗀석기 돌을 깨뜨려 만든 선사 시대의 생활 도구이다. '타제 석기'라고도 부르며, 주로 구석기 시대에 많이 이용되었다.

미 항공 우주국(나사) 미국의 우주 개발에 대한 모든 일을 맡고 있는 국가 기관. 우주선을 만들어 발사하고 우주선이 보내온 데이터를 분석하는 일 등을 하고 있다.

문명 인류가 이룩한 물질적, 기술적, 사회적 발전 상태를 뜻하는 말. 자연 그대로의 원시적 생활이 아니라 세련되고 발전한 생활 모습을 의미한다.

박테리아 생물체 가운데 가장 작은 생물체. 다른 생물체에 기생하여 병을 일으키기도 하고 발효나 부패 작용을 하기도 한다.

산업 혁명 18세기 후반부터 약 100년 동안 유럽에서 일어난 생산 기술과 그에 따른 사회 조직의 큰 변화. 이 시기를 지나면서 유럽에서는 수공업적 작업장이 기계 설비에 의한 큰 공장으로 바뀌었는데, 이로 인하여 자본주의 경제가 확립되었다.

오토마나 스스로 움직이는 기계를 뜻한다. 기계 장치를 통해 움직이는 인형이나 조형물을 오토마나라고 부른다. 현대에 들어서는 과학의 원리와 예술적 상상력이 결합된 예술의 새로운 장르로도 일컬어지고 있다.

위성 스스로 빛을 내지 못 하며 행성 주위를 도는 천체.

증기 기관 수증기의 열에너지를 일로 바꾸는 기계.

행성 스스로 빛을 내는 천체를 '별'이라고 하고, 스스로 빛을 내지 못하는 천체를 '행성'이라고 한다.

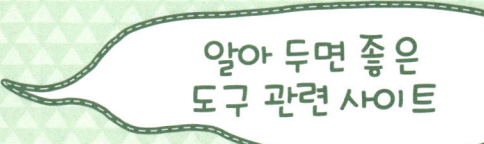

국립 중앙 박물관 www.museum.go.kr
국립 중앙 박물관 전시실에는 아주 먼 옛날부터 가까운 옛날에 이르기까지 우리 조상들이 남긴 도구가 전시되어 있습니다. 구석기 시대의 손도끼부터 고려 시대의 청자까지 우리 조상들이 쓰던 수많은 도구를 관람할 수 있습니다.

아주대 도구 박물관 http://museum.ajou.ac.kr
1993년 개관한 아주 대학교 도구 박물관은 인류 역사 발전에 기여한 도구를 연구, 전시, 교육하는 기관입니다. 지역 사회를 대표하는 대학 박물관으로서 지역 사회의 문화 역량 강화와 문화적 가치의 발굴에 앞장서고 있습니다.

국립 과천 과학관 https://www.sciencecenter.go.kr
청동기 시대부터 조선 시대까지 인류의 문명을 바꾼 과학 기술을 소개하고, 그 과학 기술을 바탕으로 만든 도구를 전시해 놓은 과학관입니다. 〈한국 과학 문명관〉, 〈첨단 기술관〉, 〈미래 상상 SF관〉 등 다양한 전시장이 마련되어 있습니다.

국립 민속 박물관 https://www.nfm.go.kr
선비, 농부, 장인 등 다양한 계층의 사람들이 하루 동안 어떤 생활을 했고, 어떤 도구를 이용하며 생활했는지를 살펴볼 수 있는 박물관입니다. 우리 조상들이 봄, 여름, 가을, 겨울 계절별로 사용한 도구를 관람할 수도 있습니다.

신나는 토론을 위한 맞춤 가이드

『생각이 반짝! 발명이 뚝딱! 인류를 바꾼 도구 이야기』를 통해 지구 도구의 역사를 잘 이해했나요? 우리 주변에서 흔히 보던 도구가 어떻게 발전해 왔는지를 알면, 과학과 문화가 새롭게 다가올 거예요. 이제 마지막 단계인 토론을 잘하려면 올바른 지식과 다양한 정보가 뒷받침되어야 해요. 책을 다 읽고 친구 또는 부모님과 신나게 토론해 봐요!

잠깐! 토론과 토의는 뭐가 다르지?

토론과 토의는 모두 어떤 문제를 해결하기 위해 의견을 나누는 일입니다. 하지만 주제와 형식이 조금씩 달라요. 토의는 여러 사람의 다양한 의견을 한데 모아 협동하는 일이, 토론은 논리적인 근거로 상대방을 설득하는 일이 중요합니다. 토의는 누군가를 설득하거나 이겨야 하는 것이 아니기 때문에 서로 협력해서 생각의 폭을 넓히고 좋은 결정을 내릴 때 필요해요. 반면 토론은 한 문제를 놓고 찬성과 반대로 나뉘어 서로 대립하는 과정을 거치지요. 넓은 의미에서 토론은 토의까지 포함하는 경우가 많습니다. 토론과 토의 모두 논리적으로 생각 체계를 세우고, 사고력과 창의성을 높이는 데 도움을 준답니다.

토론의 올바른 자세

말하는 사람
① 자신의 말이 잘 전달되도록 또박또박 말해요.
② 바닥이나 책상을 보지 말고 앞을 보고 말해요.
③ 상대방이 자신의 주장과 달라도 존중해 주어요.
④ 주어진 시간에만 말을 해요.
⑤ 할 말을 미리 간단히 적어 두면 좋아요.

듣는 사람
① 상대방에게 집중하면서 어떤 말을 하는지 열심히 들어요.
② 비스듬히 앉지 말고 단정한 자세를 해요.
③ 상대방이 말하는 중간에 끼어들지 않아요.
④ 다른 사람고 떠들거나 딴짓을 하지 않아요.
⑤ 상대방의 말을 적으며 자기 생각과 비교해 봐요.

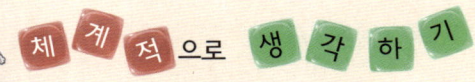

어디에 어떻게 쓰이던 도구였을까?

우리 조상들도 편리한 생활을 하기 위해서 여러 가지 도구를 만들어 썼어요. 이 도구들 덕분에 조상들은 능률적으로 일을 할 수 있게 되었고, 생활도 더욱 여유로워졌지요. 그런데 우리 조상들이 쓰던 도구 중에는 아주 재미있는 것들이 많아요. 아래 사진의 도구들은 어떤 용도로 쓰던 도구였을까요? 도구의 모양을 자세히 살펴보고 여러분의 생각을 적어 보세요.

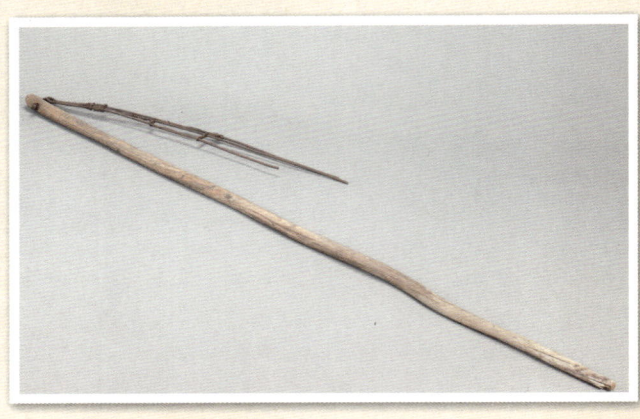

도리깨
출처: 국립 민속 박물관

뒤주
출처: 국립 민속 박물관

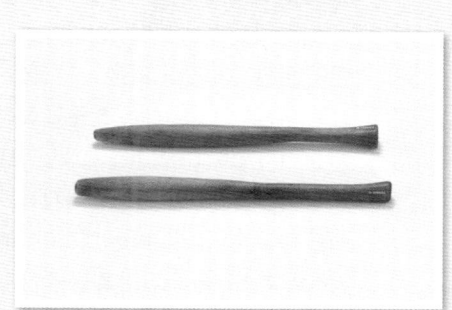

다듬잇방망이
출처: 국립 민속 박물관

맷돌

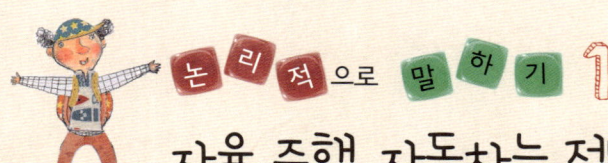

자율 주행 자동차는 정말 상용화될까?

자율 주행 자동차는 운전자가 차량을 운전하지 않아도 컴퓨터에 의해 스스로 움직이는 차를 말해요. 그동안 자율 주행 자동차는 SF 영화에서나 볼 수 있었어요. 하지만 첨단 자동차 기술이 발전하면서 이제 자율 주행 자동차는 점점 현실이 되어 가고 있어요. 최근에는 자율 주행 자동차 개발을 위하여 많은 기업들이 나서고 있지요. 과연 자율 주행 자동차는 정말 상용화될 수 있을까요? 다음 글을 읽고 토론해 봐요.

'로보 트럭'이라는 걸 들어 본 적이 있나요? 로보 트럭은 운전자 없이도 먼 거리를 달릴 수 있는 자율 주행 트럭이랍니다.

만약 운전석에 앉아 오랜 시간 동안 장거리 운전을 해야 한다면 어떨까요? 특히 화물 트럭 운전자의 경우에는 졸음과 허리 통증 등으로 매우 고통스러울 거예요. 그런데 이때 운전자 없이 자율 주행 트럭인 로보 트럭이 상용화된다면 얼마나 좋을까요? 사고 없이 엄청난 물건들을 먼 거리까지 빠르게 배송할 수 있지 않을까요?

최근 미국에서 바로 이런 트럭이 개발되었어요. 2021년 9월부터 미국 텍사스 주의 댈러스와 휴스턴을 오가며 화물을 운송하는 시범 운행을 해 보았지요. 아직은 100퍼센트 안전하다고 할 수 없어서 운전자가 탑승하고 있지만, 2023년 말쯤에는 운전자 없이 이 트럭이 운행될 거라고 업체는 자신만만하게 말한답니다. 이렇게 되면 물류 업계에 엄청난 변화가 생기겠죠?

무엇보다 빠른 운송 시간이 가장 큰 장점이에요. 무인 자율 주행 트럭이니까 운전자의 휴식 시간이 필요 없거든요. 이렇게 운송 시간이 줄어들면 신선도가 중요한 식품의 경우, 상해서 버리는 상황을 최소화할 수 있을 거예요. 그럼 당연히 쓰레기도 줄어들겠죠. 힘들게 일하는 건 이처럼 기계가 대신하고, 사람들은 물류 시스템을 관리하는 역할만 하면 될 거예요.

1. 모든 차량이 자율 주행 차량으로 바뀌면 세상은 어떻게 변할까요?

2. 우리가 타는 차를 모두 자율 주행 차량으로 바꾸면 어떤 문제점이 생길까요?

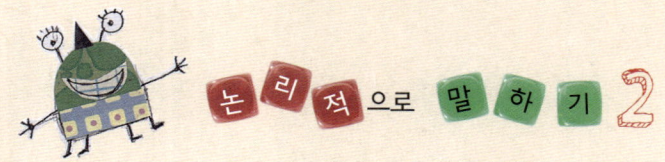

인간의 일자리를 대신하는 로봇은 계속 증가할까?

인간이 하던 일의 많은 부분을 로봇이 결국 대체할 것이라는 연구는 지속적으로 나왔어요. 코로나19로 인해서 그 속도는 더욱 빨라질지도 모르고요. 다음 글을 읽고 여러분의 생각을 말해 보세요.

코로나19 이후, 청소 제품이나 위생 제품을 생산하는 회사들은 폭발적인 수요를 맞고 있습니다. 덴마크의 자외선 살균 로봇 제조업체인 UVD로봇은 수백 대의 로봇 기계를 중국과 유럽에 수출했다고 해요. 음식 포장을 하는 식료품점이나 식당들 역시 이 로봇을 사용하고 있지요. 『미래의 소비자(The Customer of the Future)』의 저자 블레이크 모건은 "소비자들이 안전과 건강에 그 어느 때보다 많은 주의를 기울이고 있다"고 말합니다. 이어 "'자동화'는 소비자들의 건강을 지킬 수 있도록 돕는다"면서 "소비자들은 이를 수행하는 회사들에 대한 보상을 지불할 것"이라고 말했지요.

로봇 사용이 늘어날 가능성이 있는 또 다른 영역은 식품 서비스업입니다. 패스트푸드 체인에서는 로봇을 요리사와 점원으로 사용하는 실험을 진행하고 있지요. 창고형 매장에서도 효율성을 높이기 위해 로봇들을 사용해 오고 있고요. 하지만 이렇게 되면 사람의 일자리는 줄어들 수밖에 없어요. 처음 로봇을 들일 때는 큰 비용이 들지만, 직원을 채용하는 것보다 고정 비용이 줄어들게 되니까요.

우리나라에서도 현재 식당에서 서빙 로봇을 사용하고 있어요. 주문을 받는 종업원 대신 키오스크를 설치하는 매장도 점점 늘고 있지요.

이처럼 코로나19로 인해 비대면 문화가 확산되었고, 로봇이 일자리를 대체하는 속도도 빨라졌습니다. 이 과정에서 발생하는 일자리의 양극화 문제, 고용 소외 문제 등을 어떻게 해결하면 좋을지 정부의 역할이 매우 중요해졌다고 할 수 있습니다.

1. 코로나19가 종식되면, 비대면 문화도 차츰 사라질까요? 아니면 이 상황이 익숙해져서 더욱 가속화될까요? 여러분의 생각을 말해 보세요.

비대면 문화가 사라질 것이다.	비대면 문화가 가속화될 것이다.

2. 비대면 문화로 인해 인간의 일자리가 계속 사라지게 된다면, 앞으로 사람들은 어떤 일을 하게 될까요?

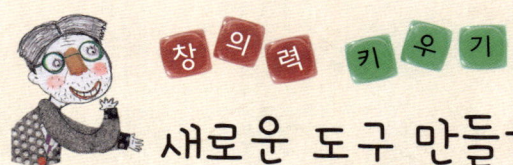

새로운 도구 만들기

옛날에는 '지우개 달린 연필'이 없었어요. 지우개와 연필은 각각 다른 도구였어요. 그러다 하이만이라는 화가가 '지우개가 달린 연필'을 만들었고, 그 뒤로 많은 사람들이 이 도구를 사용하고 있지요. 이처럼 우리 주변에는 서로 관련 없을 것 같은 두 가지를 합쳐서 새롭게 만들어진 도구들이 많아요. 여러분도 두 가지 도구를 합쳐서 하나의 도구를 만들어 보세요.

> 예) 연필 + 볼펜 = 멀티펜
> 종 + 시계 = 알람 시계
> 카메라 + 전화기 + 인터넷 = 스마트폰

❶ 두 가지를 합쳐 만든 도구:

❷ 만든 이유:

❸ 만드는 방법:

예시 답안

어디에 어떻게 쓰이던 도구였을까?

- 도리깨: 콩이나 벼, 참깨와 들깨를 줄기째 베어서 말린 뒤 두드려서 알갱이만 털어 낼 때에는 도리깨를 썼어요.
- 뒤주: 쌀이나 곡식을 담아 두던 통이에요. 요즘에는 쌀통이 뒤주를 대신하고 있어요.
- 다듬잇방망이: 다듬잇방망이는 옷에 주름을 펼 때 사용하던 도구예요. 햇볕에 잘 말린 빨랫감에 풀을 먹이고 다듬잇방망이로 두드리면 빨랫감의 주름이 쫙 펴졌어요.
- 맷돌: 동글 넓적한 돌 두 짝을 중쇠로 연결하여 포갠 모양이에요. 위쪽에 구멍이 있는데, 그 구멍으로 콩이나 팥 같은 곡식을 넣고 손잡이를 돌려서 곡식을 곱게 가는 도구예요.

자율 주행 자동차는 정말 상용화될까?

1. 첫째, 컴퓨터가 스스로 제어하기 때문에 과속 등과 같은 교통법을 어기지 않을 것이다.
   둘째, 졸음 운전이나 부주의한 운전으로 인한 사고가 줄어들 것이다.
   셋째, 운송 시간도 크게 줄어들 것이다. 자율 주행 차량은 운전자의 휴식 시간이 필요 없기 때문에 도착지까지 멈추지 않고 빨리 달릴 수 있다.

2. 첫째, 기계나 컴퓨터의 오류로 인해 사고가 날 수 있다. 사람이 판단해서 피할 수 있는 사고도 그냥 방치해서 더 큰 사고로 번질 수 있다.
   둘째, 현재 자율 주행 차량보다 일반 차가 훨씬 많기 때문에 모든 차를 자율 주행 차량으로 바꾸려면 많은 돈이 필요할 것이다.
   셋째, 해커가 자율 주행 차량을 해킹하면 큰 사고나 사건이 일어날 수 있다.

인간의 일자리를 대신하는 로봇은 계속 증가할까?

1. - 비대면 문화가 사라질 것이다.
     비대면 문화는 감염병 시대에 나타는 특수한 현상이다. 따라서 코로나19가 종식되면, 사람들은 이전처럼 더욱 활발하게 만날 것이다.
   - 비대면 문화가 가속화될 것이다.
     수년 동안 비대면 문화에 익숙해졌고, 만나지 않고도 다양한 문화를 접할 수 있다는 것을 알았기 때문에 새로운 비대면 문화가 가속화될 것이다.

2. 분명 기계가 대신하지 못하는 인간만의 영역이 있을 것이다. 예를 들어, 예술 활동은 기계가 대신하지 못한다. 그리고 서로 감정을 주고받아야 하는 정신적 서비스가 필요한 경우가 있으므로 인간의 일자리는 새롭게 만들어질 것이다.

뭉치수학왕

수학이 쉬워지고, 명작보다 재미있는

100만 부 판매 돌파!

서울시 교육청 추천도서 · 경기도 사서협의회 추천도서 · 한국교육문화원 추천도서 · 아침독서 추천도서 · 문화체육관광부 우수교양도서

> "인공지능(AI) 시대의 힘은 수학에서 나온다!"

개념 수학

〈수와 연산〉
1. 양치기 소년은 연산을 못하네
2. 견우와 직녀가 분수 때문에 싸웠네
3. 가우스, 동화 나라의 사라진 0을 찾아라
4. 가우스는 소수 대결로 마녀들을 물리쳤어
5. 앨런, 분수와 소수로 악당 히들러를 쫓아내라
6. 약수와 배수로 유령 선장을 이긴 15소년

〈도형〉
7. 헨젤과 그레텔은 도형이 너무 어려워
8. 오일러와 피노키오는 도형 춤 대회 1등을 했어
9. 오일러, 오즈의 입체도형 마법사를 찾아라
10. 유클리드, 플라톤의 진리를 찾아 도형 왕국을 구하라
11. 입체도형으로 수학왕이 된 앨리스

〈측정〉
12. 쉿! 신데렐라는 시계를 못 본다
13. 알쏭달쏭 알라딘은 단위가 헷갈려
14. 아르키는 어림하기로 걸리버 아저씨를 구했어
15. 원주율로 떠나는 오디세우스의 수학 모험

〈규칙성〉
16. 떡장수 할머니와 호랑이는 구구단을 몰라
17. 페르마, 수리수리 규칙을 찾아라
18. 피보나치, 수를 배열해 비밀의 방을 탈출하라
19. 비례분포로 보물섬을 발견한 해적 실버

〈자료와 가능성〉
20. 아기 염소는 경우의 수로 늑대를 이겼어
21. 파스칼은 통계 정리로 나쁜 왕을 혼내 줬어
22. 로미오와 줄리엣이 첫눈에 반할 확률은?

〈문장제〉
23. 개념 수학-백점 맞는 수학 문장제①
24. 개념 수학-백점 맞는 수학 문장제②
25. 개념 수학-백점 맞는 수학 문장제③

〈융합 수학〉
26. 쌍둥이 건물 속 대칭축을 찾아라(건축)
27. 열차와 배에서 배수와 약수를 찾아라(교통)
28. 스포츠 속 황금 각도를 찾아라(스포츠)
29. 옷과 음식에도 단위의 비밀이 있다고?(음식과 패션)
30. 꽃잎의 개수에 담긴 수열의 비밀(자연)

창의 사고 수학
31. 퍼즐탐정 셜렁홈즈①-외계인 스콜피오스의 음모
32. 퍼즐탐정 셜렁홈즈②-315일간의 우주여행
33. 퍼즐탐정 셜렁홈즈③-뒤죽박죽 백설 공주 구출 작전
34. 퍼즐탐정 셜렁홈즈④-'지지리 마란드러' 방학 숙제 대작전
35. 퍼즐탐정 셜렁홈즈⑤-수학자 '더하길 모테'와 한판 승부
36. 퍼즐탐정 셜렁홈즈⑥-설국언자 기관사 '어로도 달리능기라'
37. 퍼즐탐정 셜렁홈즈⑦-해설 및 정답

수학 개념 사전
38. 수학 개념 사전①-수와 연산
39. 수학 개념 사전②-도형
40. 수학 개념 사전③-측정·규칙성·자료와 가능성

정가 520,000원